VIVRE AU-DELÀ DES DISTRACTIONS

Ouvrage tiré d'une série de téléclasses
sur les implants distracteurs

avec

Gary M. Douglas et le Dr Dain Heer

ACCESS CONSCIOUSNESS PUBLISHING

VIVRE AU-DELÀ DES DISTRACTIONS

Living Beyond Disctraction
Copyright © 2020 Gary M. Douglas et le Dr Dain Heer
ISBN: 978-1-63493-292-9

Tous droits réservés. Aucune partie de cette publication ne peut être reproduite, transmise ou stockée dans un système d'archivage sous quelque forme ou par quelque moyen que ce soit — électronique, mécanique, photocopie, enregistrement ou autre — sans l'autorisation préalable écrite de l'éditeur.

L'auteur et l'éditeur de ce livre ne prétendent ni ne garantissent de résultats physiques, mentaux, émotionnels, spirituels ou financiers. Tous les produits, services et informations sont fournis par l'auteur uniquement à des fins d'enseignement général et de divertissement. Les informations présentées dans ce livre ne visent aucunement à se substituer à un avis médical ou professionnel. Dans le cas où vous utiliseriez les informations contenues dans ce livre, l'auteur et l'éditeur déclinent toutes responsabilités relatives à vos actions.

Publié par
Access Consciousness Publishing, LLC
www.accessconsciousnesspublishing.com

Traduit de l'anglais par Katioucha Zakhanevitch

Nous remercions vivement Cheri R. L. Taylor et Dona Haber pour leur contribution en créant ce livre à partir de la transcription de la série de téléclasses sur les implants distracteurs.

Table des matières

TABLE DES MATIÈRES 5

PRÉFACE 7

CHAPITRE PREMIER - COLÈRE, RAGE, FUREUR ET HAINE 9

CHAPITRE DEUX - REPROCHE, HONTE,
REGRET ET CULPABILITÉ 36

CHAPITRE TROIS - LES POINTS DE VUE ADDICTIFS,
COMPULSIFS, OBSESSIONNELS ET PERVERTIS 69

CHAPITRE QUATRE - AMOUR, SEXE, JALOUSIE ET PAIX 100

CHAPITRE CINQ - VIE, VIVRE, MORT ET RÉALITÉ 139

CHAPITRE SIX - PEUR, DOUTE, BUSINESS ET RELATIONS 166

LA FORMULE DE DÉBLAYAGE D'ACCESS CONSCIOUSNESS ... 194

Préface

Quand tu te trouves dans une situation que tu sembles ne pas être capable de changer, il se peut que tu sois coincé dans un implant distracteur.

Les implants distracteurs sont enracinés, ancrés énergétiquement dans ton univers. Ils sont conçus pour être déclenchés par les événements de ta vie afin de créer des distractions qui t'empêchent d'être tout ce que tu peux réellement être et d'avoir la vie que tu aimerais vraiment avoir. Ce sont eux qui nous font croire que nous n'avons jamais le choix.

Voici les différents implants distracteurs :

- Colère, rage, fureur et haine
- Reproche, honte, regret et culpabilité
- Points de vue addictifs, compulsifs, obsessionnels et pervertis
- Amour, sexe, jalousie, paix
- Vie, mort, vivre, réalité
- Peur, doute, business, relations

Inutile de dire que tu t'en tirerais bien mieux sans eux.

Dans ce livre, nous proposons des informations et des outils redoutablement efficaces qui te permettront de reconnaître les implants distracteurs et de t'en affranchir.

CHAPITRE PREMIER
Colère, rage, fureur et haine

Gary : Bonjour à tous. Aujourd'hui, nous allons parler des implants distracteurs colère, rage, fureur et haine. Je vous ai tous invités à m'envoyer vos questions et plusieurs personnes m'ont demandé « Comment se fait-il que je me mette en colère ? »

Colère, puissance et intensité

Quatre-vingt-dix pour cent des gens dans le monde utilisent la colère comme moyen de contrôle. Nous avons mésidentifié et mésappliqué la colère comme une source de force dans le monde. Nous pensons qu'elle crée de la puissance.

Pour beaucoup de monde, la *puissance*, c'est le pouvoir ou la force, mais je l'utilise d'une façon quelque peu différente. On dit d'une substance chimique capable d'en modifier d'autres qu'elle est puissante. C'est ce qu'on appelle un catalyseur. C'est-à-dire qu'elle est à même de transformer d'autres substances chimiques. Quand tu es puissant, tu peux tout modifier dans ta vie. Tu peux changer tout ce qui se passe pour que ça fonctionne mieux. En tant qu'êtres infinis, nous avons tous cette puissance, mais elle nous paraît souvent inaccessible, car elle est ensevelie sous les implants distracteurs qui sont conçus pour nous distraire et nous empêcher d'être les êtres infinis que nous sommes vraiment.

Nous avons tendance à mésidentifier la colère comme de la puissance parce que la colère pousse les gens à *réagir*. Mais cela ne leur permet pas d'*agir*.

Participant : Peux-tu parler de ce qu'est la réaction ?

Gary : La réaction, c'est quand X se produit et que tu fais Y, que tu le veuilles ou non. Quelque chose se passe et tu y réagis plutôt que d'être capable d'agir.

Participant : Quand nous allons à la colère, recherchons-nous la réaction de l'autre ?

Gary : Oui, vous cherchez le contrôle. C'est pour cela que vous allez d'abord à la colère, car vous la considérez comme un moyen d'obtenir le contrôle.

Participant : Est-ce que cela est vrai si nous utilisons la colère pour arriver à la puissance ? Quand tu utilises la puissance avec nous, tu le fais pour obtenir une réaction.

Gary : Eh bien, j'utilise la force, mais je ne fais pas la colère.

La plupart d'entre vous vont à la colère plutôt qu'utiliser la force et malheureusement vous réprimez presque tous la colère. Vous la réprimez, encore et encore, jusqu'à ce que vous réagissiez et puis vous pensez que c'est de la puissance. Mais ce n'est pas du tout nécessairement de la puissance. Cela crée une situation où vous êtes en réaction et tous les autres aussi.

Participant : Peux-tu expliquer comment tu fais la force ?

Gary : Je monte très fort le volume. Si je veux créer une force dans ta vie, je deviens très intense avec l'énergie. As-tu remarqué : quand je fais l'intensité avec toi, est-ce que c'est de la colère ?

Participant : Non.

Gary : Non, mais c'est de l'intensité. Le vrai pouvoir dans la vie, c'est la capacité à utiliser l'intensité quand vous voulez faire passer un point de vue ou quand vous voulez que les gens fassent quelque chose de différent de ce qu'ils sont en train de faire.

Dain : Voici l'un des moyens de différencier l'intensité de ce que les gens appellent la colère : trois secondes après avoir utilisé l'intensité, tu retrouves la douceur que tu es — ou que tu peux être si tu le choisis. Il n'y a pas de répercussions dans ton corps. Ton rythme cardiaque n'est pas accéléré. Tu n'as pas le sentiment d'être coincé dans ce qui s'est passé. Ce qui n'est pas le cas avec la colère.

Gary : C'est très juste ce que tu dis Dain, parce que quand tu fais la colère à partir de l'explosion, tu t'expulses de la véritable existence pour aller à un endroit où tu essaies de contrôler les autres. Et quand tu fais cela, tu utilises beaucoup de force contre ton propre corps. C'est le problème avec tous les implants distracteurs ; ils s'expriment par une force contre ton corps, ce qui te maintient dans un état constant de poussées d'adrénaline aux mauvais moments. C'est-à-dire que tu es toujours dans un état de réaction et jamais dans un état d'action.

Participante : Je confonds la colère et la puissance. Mon père se mettait en colère pour tout, même pour des broutilles. Je me mets aussi en colère et parfois, j'ai du mal à lâcher la colère. Je pensais que j'avais dépassé ça, mais récemment, je me suis mise terriblement en colère avec une prétendue amie. Je lui ai dit de sortir de ma vie et quand elle s'est approchée de moi, j'étais tellement furieuse que j'aurais pu la frapper !

Gary : Quand tu te mets en colère à partir du point de vue implanté des implants distracteurs, tu ne peux pas lâcher la colère parce que tu es dans un état réactif. Chaque fois que tu penses à cette personne, tu es en réaction à ce qu'elle a fait ou dit qui t'a fait exploser. Mais ce n'est pas ce qu'elle a dit ou fait qui t'a fait exploser. C'est un implant distracteur qui t'a provoqué. Tu as grandi avec ça. Tu as grandi avec quelqu'un qui te provoquait à tout bout de champ et maintenant, quand les circonstances s'y prêtent, tu ne peux faire autrement que d'aller à la colère, la rage, la fureur et la haine. C'est exactement où tu es allée avec ton amie.

Dain : Nous avons tendance à vouloir comprendre ces choses logiquement — ce qui peut être riche en enseignements — mais tu peux faire quelque chose qui ne fait pas appel à la logique ou à la compréhension. Quand tu es pris par ce qui te provoque, dis-toi :

> Tous les implants distracteurs qui créent ceci, je les détruis et décrée maintenant.

Right and Wrong, Good and Bad, POD and POC, All 9, Shorts, Boys and Beyonds®.[1]

Tu remarqueras que ton énergie bouge et change.

Ces implants distracteurs te piègent constamment. Qu'est-ce que je veux dire par là ? Tu voulais laisser partir la colère, mais tu t'es fait piéger par l'implant distracteur plutôt que d'avoir la liberté de dire « Hé, sors de ma vie ! », si c'est ce qu'il convenait de dire dans la situation, et de passer à autre chose. Quand tu ne peux pas passer à autre chose, tu es en plein dans un implant distracteur.

Gary : Et comme tu réfléchis à cela, comme tu en fais une obsession, tu n'as pas la liberté de choisir, d'être ou de faire quelque chose de différent. C'est ce qu'un implant distracteur est destiné à faire. Il ne te donne pas le choix.

Dain : Tu as dit que quand tu étais enfant, ton père se mettait toujours en colère pour des choses triviales et insignifiantes. Cette énergie était intense. Tu as probablement mésidentifié et mésappliqué que toute intensité de ce genre est de la colère, est ce point de vue de l'implant distracteur, est cet endroit coincé. Alors, quand tu as envoyé cette énergie à ton amie, même si c'était juste de l'intensité, c'était à cause des implants distracteurs avec lesquels tu as grandi. Tu mésidentifiais et mésappliquais que tu faisais la même chose que ce que tu voyais se passer dans ta famille.

Gary : Et tu as tendance à faire la même chose parce que c'est ce que tu as appris de ton père.

Participant : Je suis conscient du fait que la frustration n'est en fait qu'un manque d'information, et pourtant je suis frustré face à certains événements

---

[1] *Right and Wrong, Good and Bad, POD and POC, All 9, Shorts, Boys and Beyonds est la formule de déblayage d'Access Consciousness®. Cette formule abrégée traite les énergies qui créent les limitations et les contractions dans ta vie. Quand tu la liras pour la première fois, elle te tournera peut-être un peu la tête. C'est le but. Cette formule est destinée à te faire lâcher le mental et à te connecter à l'énergie de chaque situation. Pour en savoir plus sur la formule de déblayage et la signification de ces mots, consulte le paragraphe sur la formule de déblayage à la fin de ce livre.*

et ce que je prends pour de la bêtise humaine — ou bien je cherche à avoir raison et je vois l'autre personne en tort. Je vais si facilement à la frustration puis à la colère, et j'enrage de réagir ainsi au quart de tour. Je suis parfois surpris par le niveau d'énergie que j'ai, surtout quand j'ai régulièrement affaire à la même personne, par exemple, un gestionnaire d'appartement. Comment dépasser cette colère et poser des questions ?

Gary : C'est l'endroit où tu te dis « Tout ce qui permet à cet implant distracteur d'exister dans mon univers, je le POC et PODe. »[2]

Cela te donnera l'endroit de l'action. Sous les implants distracteurs, il y a tout ce qui te donne le pouvoir, la puissance et l'action, qui ne te donneront pas forcément le contrôle, mais qui feront que tu ne seras plus à la merci de qui que ce soit. C'est l'endroit où tu as le choix. C'est là où tu dois aller, l'endroit où tu reconnais ta capacité à choisir. Voici un processus qui m'est venu en lisant vos questions :

> Quelle actualisation physique de la maladie inchangeable et inaltérable de la puissance et du pouvoir ne reconnais-tu pas comme la source pour la création de ce qui est caché sous tous les implants distracteurs ? Tout ceci, fois un dieulliard, vas-tu détruire et le décréer totalement s'il te plaît ? Right and Wrong, Good and Bad, POD and POC, All 9, Shorts, Boys and Beyonds.

ACTION ET RÉACTION

Participant : J'ai des implants en réaction à mon mari. Chaque fois qu'il me critique, je vais à la colère. Je me mets en colère et je perds toute assurance. C'est comme si chaque fois que je me mettais en colère, j'étais empoisonnée aux métaux lourds.

Gary : Tout d'abord, si ton mari te dit que tu es un tas de merde pathétique, est-ce une vérité ou un mensonge ?

---

[2] *« POC et PODer » est un raccourci de la formule de déblayage complète.*

Participant : C'est un mensonge, mais...

Gary : Quand quelqu'un te dit quelque chose à ton sujet qui n'est pas vrai, tu as tendance à te mettre en colère. Mais au lieu de réagir par la colère, pose quelques questions :

- Que voulait-il dire par là ?
- Quelle part de cela est aimante et attentionnée ?
- Quelle part de ceci est juste méchante à mon égard ?

C'est l'endroit où tu ne vas pas à la colère par réaction. En posant une question, tu vas à la puissance et au pouvoir. La puissance et le pouvoir ultimes, c'est la question, le choix, la contribution et la possibilité.

Dain : Si tu fais ce que Gary suggère, tu seras dans l'action et non dans la réaction. Ce sera le cas même quand ce que ton mari te dit a pour but de te faire réagir. Tu ne *réagiras* pas ; tu *agiras*.

Quand tu as avec quelqu'un la dynamique que tu décris, il pousse sur tes boutons. Il essaie de te faire réagir et tu réagis — et cette situation perdure pendant des années.

Gary : Et cela prouve que l'autre a raison.

Dain : Quand tu changes ça, quand tu sors de la réaction pour aller dans l'action, l'autre ne peut plus utiliser ta réaction pour prouver qu'il a raison. Il fera peut-être encore plus d'efforts pour te faire réagir, mais dès que tu cesses de réagir, tu n'es plus à la merci de la situation.

Participant : Parfois, c'est très difficile sur le moment, vu que j'ai plein de réactions aux métaux lourds. Ma réaction est causée par la toxicité.

Gary : La toxicité est le résultat des implants distracteurs, parce que les implants distracteurs sont foncièrement conçus pour nuire à ton corps et à le rendre réactif. Le corps devient plus réactif à la programmation des métaux lourds chaque fois que tu vas dans le programme de l'implant distracteur. C'est la raison pour laquelle chaque fois que tu vas dans la colère, tu dois utiliser :

Toute la colère, tous les implants distracteurs qui créent ceci, je détruis et décrée. Right and Wrong, Good and Bad, POD and POC, All 9, Shorts, Boys and Beyonds.

Dis-le en ton for intérieur. Il n'est pas nécessaire de le dire tout haut. Et observe. Quand tu l'auras dit deux ou trois fois, tout d'un coup, tu n'auras plus de réaction et les métaux lourds n'auront plus le même effet sur toi.

Participant : Est-ce que la colère est juste de la colère ? Ou bien est-ce qu'elle est toujours reliée à quelque chose ? J'ai de la colère envers l'argent, la famille, la maladie, et d'autres choses. Quand on détruit et décrée l'implant distracteur de la colère, est-ce qu'on détruit et décrée tous les implants distracteurs ? Ou bien faut-il faire un déblayage pour chaque problème relié à la colère ?

Gary : Tu déblaies simplement les implants distracteurs chaque fois qu'ils se présentent. Très vite, ces problèmes ne seront plus des problèmes. La seule raison pour laquelle ce sont des problèmes, c'est que quelqu'un te les a donnés comme tes problèmes.

Dain : Prends bien conscience de ce que Gary vient de dire. Tu dois faire le déblayage chaque fois que la colère se présente. Beaucoup de gens pensent « J'ai POC et PODé la colère une fois, alors c'est probablement parti. » Non, tu dois faire le déblayage chaque fois que la colère remonte parce qu'il y a des couches et des déclencheurs et toutes sortes de choses qui l'activent dans ton monde. Chaque fois que tu POC et PODes un implant distracteur, tu touches à un élément qui l'active.

Tu dois persévérer. C'est pour cela que nous faisons ces appels avec un délai entre les appels, pour que vous puissiez POC et PODer tous les implants distracteurs de colère, rage, fureur et haine à mesure qu'ils remontent dans votre vie. Vous êtes suffisamment malins, suffisamment géniaux et suffisamment fous pour être présents à cet appel. Vous percevrez beaucoup plus de ces choses dans le monde et ce sera alors beaucoup plus facile de les gérer, parce que vous aurez reçu ces outils.

Voilà comment ça marche : vous vous ouvrez à une conscience différente de quelque chose. Vous en prenez conscience d'une façon que vous n'avez jamais voulu reconnaître auparavant ou d'une façon beaucoup plus dynamique que ce que vous avez jamais pensé possible, mais vous recevez aussi les outils pour pouvoir le gérer.

Participant : Parfois, quand je regarde des films sur le racisme ou quand je perçois quelque chose de vraiment injuste, cela me rend très triste et me met en colère.

La haine

Gary : Oui, c'est parce qu'il faut de la haine pour qu'il y ait préjugé. Pour que les préjugés existent, il faut faire la haine. La plupart des gens ne réalisent pas que les préjugés sont toujours de la haine. Ce n'est jamais moins que ça. Les gens créent la haine pour créer la séparation. Ils le font pour pouvoir justifier la méchanceté, la colère, la fureur et la rage qu'ils vont faire, ou pourraient faire, ou feraient s'il le fallait. Les préjugés sont simplement un élément du système de colère, rage, fureur et haine, qui sont les éléments principaux à partir desquels les gens fonctionnent sur cette planète.

S'il n'y avait pas de haine, les préjugés, les guerres et tous ces trucs-là pourraient-ils exister ? Non, parce que les gens haïssent quand les autres ont plus d'argent qu'eux, ils haïssent quand quelqu'un a quelque chose qu'ils n'ont pas. Ils haïssent quand quelqu'un obtient quelque chose, pensant qu'ils devraient être les seuls à pouvoir y accéder. C'est ainsi que les gens créent des difficultés qu'ils semblent ne pas vouloir surmonter. Et la raison pour laquelle ils ne peuvent pas les surmonter, c'est parce qu'il s'agit d'un implant distracteur et pas de la réalité.

Dain : Quand tu perçois quelque chose qui est injuste, inutile ou inapproprié, et que tu as de la tristesse ou de la colère qui monte après la tristesse, demande :

- Est-ce vraiment de la colère ? Ou est-ce la puissance qui est requise pour changer ceci dans ma vie ou dans le monde ?

- Quelles autres possibilités sont maintenant disponibles si je suis prêt à être l'énergie de la puissance ?

Participant : Est-ce que la frustration fait partie de la colère ? Est-ce une forme moindre de la colère ?

Gary : La seule raison pour laquelle tu es frustrée, c'est le manque d'information. Quand tu es frustrée, tu dois demander : « Quelle information me manque-t-il qui pourrait régler ceci ? »

Je parlais à une femme qui disait qu'elle était frustrée. Quand je lui ai dit que la frustration était liée à un manque d'information, elle a soudain reçu l'information qui lui manquait. Elle a vu que les gens qui la frustraient voulaient la voir comme folle, parce que cela leur donnait raison. C'était pour elle une information vraiment précieuse. Quelle liberté as-tu quand tu réalises que les gens ont un point de vue fixe à ton sujet ?

Participant : On dirait que j'ai beaucoup de frustration.

Gary : Demande « De quelle information complémentaire ai-je besoin ici pour faire disparaître cette frustration ? »

Participant : La semaine dernière, quelqu'un m'a menti et je savais qu'il mentait. Je n'ai pas demandé s'il y avait un mensonge, mais j'ai senti une montée de puissance et d'énergie à travers moi. J'ai attrapé un objet en inox et j'ai commencé à le plier comme si c'était de la plasticine. Que s'est-il passé ?

Gary : Quand tu reconnais que quelqu'un essaie de te faire réagir et que tu ne réagis pas, tu entres dans le pouvoir et la puissance qui sont à ta disposition et tu as la capacité de faire toutes sortes de choses que tu ne pensais pas pouvoir faire.

Dain : Comme cette grand-mère qui a soulevé une voiture sous laquelle son petit-fils était coincé.

Gary : Et d'une seule main.

Dain : Si tu allais au-delà de tous les distracteurs et de toutes les distractions de ce qui est vrai pour toi, aurais-tu plus de capacités comme celle-là ? Probablement. Tu aurais probablement plus des capacités que tu as et qui ont été cachées et sublimées par les implants distracteurs.

Gary : Si tu captes que la plupart des gens dans le monde fonctionnent à partir des implants distracteurs et vivent dans la réaction à tout, et si tu arrêtes de vivre dans la réaction, tu auras la capacité à faire des choses qui n'ont jamais été faites auparavant. C'est notre cible — t'amener à cet endroit où tu peux faire ce qui n'a jamais été fait auparavant.

Participant : Et aucune force n'a été utilisée pour plier l'acier.

Gary : C'est ça le pouvoir et la puissance que nous avons et que ces implants ont pour but de nous empêcher d'avoir. Ils sont conçus spécifiquement pour nous empêcher d'avoir ce genre de puissance et de pouvoir.

Participant : J'ai toujours eu l'impression que mes émotions étaient hors contrôle, surtout la colère et la rage. Elles ont dominé ma vie. J'ai tellement d'impatience et un tempérament explosif qui cause des ravages dans mon système nerveux. Quelle part de cela est ma personnalité naturelle et quelle part est implantée ? Comment gérer tout ça ?

Gary : Tout est implanté. Tout ceci peut être surmonté en accédant au niveau de pouvoir et de puissance qui est caché en dessous des implants distracteurs et dont nous devons prendre conscience.

Participant : J'ai une question par rapport à l'impatience. Est-ce une sous-catégorie de la colère ? Il arrive fréquemment que l'impatience me mène à la colère. Ce n'est pas la même chose que la frustration. Cela arrive quand j'essaie d'expliquer quelque chose ou quand j'attends que quelqu'un fasse quelque chose.

Gary : Le premier problème c'est que tu es un humanoïde[3]. Le second

---

[3] *Il y a deux espèces d'êtres bipèdes sur cette planète. Nous les appelons les humains et les humanoïdes. Les humains aiment suivre des schémas établis. Ils aiment se fondre dans la masse. Ils n'aiment pas le changement. Ils ne posent pas de questions. Ils sont en phase avec tous ceux qui les entourent. L'approche des humanoïdes est différente. Ils demandent tout le temps « Comment changer ceci ? Comment améliorer ceci ? Comment surcréer ceci ? » Ce sont ceux qui créent toutes les grandes œuvres d'art, la grande littérature, et les grands progrès sur cette planète.*

problème, c'est que tu es probablement légèrement autiste, c'est-à-dire que tu poses une question et l'autre personne a déjà répondu avant de parler et toi tu es déjà passé à autre chose. Les autres sont trop lents pour toi. Tu te mets en colère parce que tu as déjà reçu ta réponse. Tu as déjà répondu dans ta tête et tu n'arrives pas à croire que ton interlocuteur est toujours occupé avec la première conversation qui est déjà terminée.

Participant : Oui.

Gary : Tu dois demander : « Est-ce que je capte toute la conversation dans ma tête ? Oui ? Non ? Oui ! OK, pas grave. » En faisant cela, tu n'auras pas cette impression d'impatience. Tu verras que tu es trois étapes en avance sur tout le monde dans le monder entier. Ce n'est ni une justesse ni un tort. C'est juste une différence chez toi. Tu pourrais demander : « Suis-je treize étapes plus loin que cette personne ? »

Si tu as un oui, tu peux dire « OK, je vais ralentir. Je vais arrêter d'aller à la vitesse de l'espace et je vais prendre l'allure d'un escargot ou d'une limace et tout ira bien. »

Participant : Est-ce que c'est un implant distracteur ?

Gary : Non, c'est une conscience que tu dois avoir par rapport à ta manière de fonctionner. Tu vois que tu fonctionnes différemment des autres. Tu dois avoir conscience de cela.

Quand vous êtes dans une situation où vous vous sentez impatient, il y a quatre-vingt-dix pour cent de chances — chez vous tous — que la raison de votre impatience est que vous avez déjà terminé la conversation tandis que l'autre essaie toujours de la poursuivre. C'est un peu « Je suis un petit peu trop conscient là ? »

Participant : Donc, il faut que je ralentisse et que je laisse tout le monde me rattraper ?

Gary : Eh bien, ils ne vont pas te rattraper. Simplement, permets-leur de fonctionner à leur vitesse. Reconnais-le, c'est tout. Cela te rendra la vie beaucoup plus aisée.

Participant : Pourrais-tu parler du comportement passif agressif ? Est-ce un implant distracteur ?

Gary : Le comportement passif agressif est simplement une mutation de colère, rage, fureur et haine. C'est tout. Certaines personnes aiment faire ces choses de manière très réprimée. C'est la colère, la rage, la fureur et la haine avec de la peur. Ce n'est rien d'autre que cela.

Participant : Comment les implants distracteurs contribuent-ils à maintenir les identités des gens en place ? Et comment peut-on changer cela ?

Gary : La plupart des gens pensent que la réaction et l'action c'est la même chose. Par exemple, mon ex-femme est une personne qui se met tout le temps en colère. Elle considère la colère comme son pouvoir ultime. Du coup, la colère est la seule chose qu'elle ne lâchera pas. Pour elle, s'accrocher à la colère est plus important que de vivre vraiment. Elle va tuer son corps avec cette colère. Je l'ai récemment observée pendant qu'elle s'éloignait de moi. Elle avait l'air d'avoir dix ans de plus que moi alors qu'elle en a cinq de moins.

Tu tues ton corps avec la colère dont tu penses qu'il est si impératif de t'y accrocher. Les gens se créent eux-mêmes, leur personnalité, et leur vie, à partir des implants distracteurs, et c'est pour cela que nous en parlons maintenant. C'est pour cela que nous faisons cette téléclasse. Tout ceci est important. Je suis toujours ébahi de constater que les gens n'y prêtent pas attention.

Participant : Gary, je me sens triste pour ton ex-femme et comment elle s'est éloignée pleine de colère. J'ai eu une forte réaction et ça m'a rendue triste. Qu'est-ce qui se passe avec ça ?

Gary : Es-tu triste pour elle, triste pour moi, ou triste que quelqu'un puisse se tuer ainsi ?

Participant : C'est juste une sensation « beurk ».

Gary : « C'est triste, » c'est une chose. « C'est beurk, » c'est un jugement. Et si c'était juste ce que c'est ? Nous avons tant de choses à notre disposition, et les gens ne choisissent pas ce qui est plus grand. Au lieu de cela, ils choisissent ce qui est moindre, comme si c'était la bonne chose à choisir. Tu dois être prêt à voir ce qui est, et saisir que c'est le choix que certaines personnes font dans leur vie.

Mon ex-femme adore ses capacités réactives. Elle s'y identifie. « Je suis une réaction. » C'est sa manière de prouver qui elle est. Je ne ferais pas cela.

Participant : J'ai une colère inexpliquée contre mes parents depuis l'enfance et je me suis rebellé contre tout ce qu'ils ont dit ou fait. C'est difficile pour moi d'avoir une conversation normale de cinq minutes avec eux sans me mettre en colère ou exploser. Je n'ai aucune idée de ce que c'est ou de comment dépasser cela ni de la raison pour laquelle je me mets tellement en colère. Après avoir explosé, je me sens mal de m'être comporté ainsi et cela tourne à la culpabilité. Peut-il y avoir de la colère sans raison ?

Gary : Il y a des chances que tu vives ça parce que tu ne tiens pas compte des vies antérieures. Combien de vies antérieures as-tu eues avec tes parents où ils étaient aimants envers toi ? En fait, cela s'avère être un mensonge et tu t'y accroches malgré tout. Es-tu revenue pour te venger d'eux ? Combien de vies as-tu eues avec ces personnes ? Es-tu venu pour prendre ta revanche ?

Dain : C'est un point de vue, mais parfois tu reviens te venger de quelque chose dont tu n'as pas pu te venger dans une autre vie.

Gary : Combien de vies as-tu eues avec eux ?

Participant : Cinq. C'est le chiffre qui me vient.

Gary :

> Tout ce que tu as décidé dans ces vies qui font que tu es réactif dans cette vie-ci, vas-tu le détruire et le décréer totalement ? Right and Wrong, Good and Bad, POD and POC, All 9, Shorts, Boys and Beyonds.

Participant : Si tu es prêt à dépasser la colère, et que tu la POC et PODes consciemment et régulièrement, est-ce qu'activer les Bars[4] en se focalisant sur la bande d'implants la réduirait ?

Gary : Tu n'es pas censé surmonter la colère. Tu es censé voir ce que fait la colère. Elle masque ton pouvoir et ta puissance. Alors, n'essaie pas de la surmonter, mais POC et PODe tout ce qui lui permet de te cacher à toi-même.

Participant : Oui, mais c'est un implant n'est-ce pas ?

Gary : Oui, c'est un implant. Tu dois POC et PODer tout ce qui permet à cela d'exister et bien vite, tu ne te mettras plus en colère.

Participant : Disons qu'un client vit un divorce douloureux ou une situation de reproche envers quelqu'un. Est-ce qu'insister sur la bande d'implants en faisant les Bars serait utile ?

Gary : Ce serait utile, mais si tu demandes « Combien d'implants distracteurs as-tu qui maintiennent ça en place ? », ça pourrait aller plus vite.

Dain : Avec le processus verbal, tu touches à l'énergie, le truc qui l'arrête directement, alors que la bande d'implants gère beaucoup de considérations qui sont là depuis très longtemps.

Gary : Tu auras plus de résultats avec « Combien d'implants distracteurs as-tu qui maintiennent ceci en place ? »

La personne va dire « Qu'est-ce que tu veux dire ? »

Tu dis « C'est colère, rage, fureur et haine ; reproche, honte, regret et culpabilité. Ce sont des implants distracteurs. Combien d'implants distracteurs as-tu qui maintiennent tout ceci en place de sorte que tu es dans un état constant de réaction au lieu d'avoir la capacité d'aller de l'avant et d'agir. »

Tu ne peux pas forcer les gens à faire ça. Les gens essaient souvent de

---

[4] *Les Bars® sont un processus corporel d'Access Consciousness pratiqué en posant légrement les doigts sur la tête sur des points de contact qui correspondent aux différents domaines de la vie.*

pousser les autres à quelque chose de différent. Cela ne fonctionne pas. Une facilitatrice d'Access m'a appelé hier. Elle avait un client qui était un portail et les entités passaient tout le temps à travers lui. Chaque fois qu'elle mentionnait « portail », il s'énervait totalement sur elle.

Je lui ai dit « N'en parle pas. Pourquoi mentionner les portails ? Déblaie juste les entités et passe à autre chose » Puis je lui ai demandé « Combien te paie-t-il pour ça ? »

Elle a dit « Rien. »

J'ai dit « C'est pour ça que tu n'as pas de résultats. Tu ne lui fais rien payer, alors il veut s'accrocher à cela pour qu'il puisse te voir gratuitement le plus longtemps possible. Tu es assez mignonne. C'est peut-être pour cela qu'il vient te voir. Il veut t'avoir dans son lit. » Il faut regarder la vérité des choses, pas ce que tu voudrais qu'elles soient.

Participant : Peux-tu me donner des outils ? Je vois que je me mets en colère quand les enfants se plaignent et s'énervent.

Gary : Déblaie tous les implants distracteurs qui créent les plaintes et l'énervement chez cette personne.

Si tu as quelqu'un qui est en colère contre toi, et qu'il parle avec toi, dis en ton for intérieur : « Tous les implants distracteurs qui créent cela POC et POD. » Tout d'un coup la personne va dire : « Eh, c'est pas grave » et elle va s'en aller. Tu peux aussi faire ça quand tu parles à quelqu'un au téléphone.

Participant : Je suis consciente que mon fils de vingt-quatre ans a de la colère en lui. Je l'entends jouer à des jeux vidéo dans sa chambre, en ligne avec d'autres. Il jure souvent et traite les gens de tous les noms. Il a toujours été du genre à s'accrocher aux choses. Qu'est-ce que je peux faire pour qu'il ait plus d'aisance ?

Gary : Oui, divorce de lui. Tu dois détruire et décréer tout ce que la relation était hier, tous les jours. Ce qui va se passer, c'est qu'il va commencer à changer. Là maintenant, tu essaies de l'aider, et si tu fais dans l'« aide », tu fais la supériorité. Il ne t'a pas demandé d'aide. Tu penses qu'il a besoin d'aide, mais ce n'est pas le cas. Il est heureux comme il est.

Participant : Est-ce qu'on naît avec les implants distracteurs ou bien on les adopte ?

Gary : On naît avec et on a été entraînés à certains d'entre eux dans notre famille. Est-ce que c'est fun ça ? Non.

Participant : Peux-tu aider avec la rage et la colère provenant de graves traumatismes dans l'enfance qui ont été réprimés et oubliés pendant des décennies et dont la mémoire refait surface ?

Gary : Les mémoires refont surface parce que tu commences à reconnaître les implants distracteurs et ce qui te retenait. C'est bon signe. Continue, tout simplement. Continue à utiliser les déblayages pour tous les implants distracteurs et au bout du compte, la conscience et les mémoires vont remonter. Quand ce sera le cas, tu auras plus de liberté.

Ce qui t'intéresse, c'est d'avoir plus de conscience et plus de liberté ; c'est ça la cible. On parle de poser des questions. La finalité d'une question c'est de te donner des prises de conscience et pas de te donner des réponses. Vous continuez à chercher des réponses au lieu de la conscience. Alors, de grâce, commencez à rechercher les prises de conscience que vous recevez en posant des questions, pas les réponses que vous pensez devoir chercher.

Colère, rage, fureur et haine

Participant : Quelle est la différence entre la colère, la rage, la fureur et la haine ?

Gary : La colère c'est ce que les gens utilisent pour te contrôler. C'est ce que tu utilises et ce que tu réprimes jusqu'à ce que tu exploses. Cela détruit ton corps. La rage c'est là où tu arrives quand tu ajoutes la haine à la colère. Alors, tu entres dans la rage. La fureur, c'est quand tu ne te retiens plus. Tu laisses tout sortir et tu as envie de lapider quelqu'un à mort. La haine, c'est quand tu te détestes toi ou quelqu'un d'autre, à un point tel que tu n'as plus du tout de clarté.

Participant : Est-ce que tu peux parler des systèmes séquentiels triplement rabattus ? Est-ce que c'est la même chose que les implants distracteurs ?

Gary : Les systèmes séquentiels triplement rabattus sont une bande de Möbius. C'est-à-dire que tu rejoues sans cesse dans la tête un événement qui s'est passé il y a longtemps comme s'il venait d'arriver. Les systèmes séquentiels triplement rabattus sont en gros une source de TSPT[5].

Ce n'est pas la même chose que les implants distracteurs, mais ils en font partie dans le sens où les implants distracteurs sont toujours sur une bande de Möbius qui fait que tu ne parviens pas à t'en débarrasser. Pour les déblayer, demande toutes les bandes de Möbius qui maintiennent en place la colère, la rage, la fureur et la haine. POC et PODe chaque bande de Möbius et tout ce à quoi tu as résisté et réagi, tout ce avec quoi tu t'es aligné et accordé pour leur permettre d'exister.

Dain :

> Quelle actualisation physique de la maladie inchangeable et inaltérable de la puissance et du pouvoir ne reconnais-tu pas comme la source pour la création de ce qui est caché sous tous les implants distracteurs ? Tout ceci, fois un dieulliard, vas-tu le détruire et le décréer totalement ? Right and Wrong, Good and Bad, POD and POC, All 9, Shorts, Boys and Beyonds.

Gary : La bonne nouvelle, c'est que ces conversations rendent ce processus plus intense.

> Quelle actualisation physique de la maladie inchangeable et inaltérable de la puissance et du pouvoir ne reconnais-tu pas comme la source pour la création de ce qui est caché sous tous les implants distracteurs ? Tout ceci, fois un dieulliard, vas-tu le détruire et le décréer

---

[5] *NdT Trouble de stress post-traumatique*

totalement ? Right and Wrong, Good and Bad, POD and POC, All 9, Shorts, Boys and Beyonds.

Dain : À propos, si certains d'entre vous ont remarqué qu'ils se sentent distraits, est-ce qu'il pourrait s'agir de la conversation que nous avons ? Je dis juste ça en passant.

Gary : (Rires) C'était bien ça ; Dain !

Dain :

> Quelle actualisation physique de la maladie inchangeable et inaltérable de la puissance et du pouvoir ne reconnais-tu pas comme la source pour la création de ce qui est caché sous tous les implants distracteurs ? Tout ceci, fois un dieulliard, vas-tu le détruire et le décréer totalement ? Right and Wrong, Good and Bad, POD and POC, All 9, Shorts, Boys and Beyonds.

Participant : À la fin du déblayage, tu as dit, « pour la création de ce qui est caché sous tous les implants distracteurs », mais avant ça, tu as dit que sous les implants distracteurs, il y avait le pouvoir et la puissance que je désire être. Peux-tu m'aider avec ça ?

Dain : Oui, en gros, tu es ce qui est sous les implants distracteurs, mais tu as fait du pouvoir et de la puissance une maladie plutôt que quelque chose que tu pourrais avoir avec aisance.

Gary : C'est comme si tu créais une maladie de la puissance et du pouvoir plutôt que d'avoir totalement l'aisance avec la puissance et le pouvoir. Tu utilises les implants distracteurs pour réagir plutôt qu'être dans l'action qui pourrait changer les choses.

Participant : Quelle est la différence entre POC et PODer les implants distracteurs et les bandes de Möbius ?

Gary : Une bande de Möbius est un implant aussi et quand tu déblaies les implants, tu commences à déverrouiller ce qui permet à la bande de Möbius d'exister et à tourner continuellement dans ta tête comme si c'était réel.

Tu balaies plus large quand tu POC et PODes l'implant distracteur. Imagine que tu essaies de nettoyer un endroit très sale avec une balayette ou une brosse à dents. Imagine maintenant que tu prends un balai et que tu nettoies tout. Pour les implants, tu prends le balai. Si tu vises les particules dans la bande de Möbius, tu y vas à la brosse à dents.

Quelle actualisation physique de la maladie inchangeable et inaltérable de la puissance et du pouvoir ne reconnais-tu pas comme la source pour la création de ce qui est caché sous tous les implants distracteurs ? Tout ceci, fois un dieulliard, vas-tu le détruire et le décréer totalement ? Right and Wrong, Good and Bad, POD and POC, All 9, Shorts, Boys and Beyonds.

LES MENSONGES

Participant : J'ai une question sur la colère. En parlant, j'ai réalisé que chaque fois que j'ai de la colère qui monte, soit je l'évite ou je la réprime pour qu'il n'y ait pas d'actes de colère dans ma vie. Je reste là à bouillonner ou je pars. Quand tu as dit qu'on se mettait en colère quand il y a un mensonge, j'ai regardé rétrospectivement et je me suis dit « Oh, mon Dieu ! C'est ça qui se passait 99 % du temps. Je n'étais pas en colère par rapport à ce qui se passait ; je fulminais juste à l'intérieur et je voulais partir.

Gary : Quand tu reconnais qu'un mensonge crée de la colère et que tu demandes « Est-ce qu'il y a un mensonge ici ? », alors tu peux agir au lieu de devoir partir ou ravaler ta colère. Partir ou ravaler ta colère ne sont pas des actions ; ce sont des réactions.

Participant : Donc, dans ce contexte, il y a juste un mensonge.

Gary : Eh bien, il pourrait y en avoir plusieurs. Si tu demandes « Y a-t-il un mensonge ici ? », tu n'achèteras pas le mensonge et tu ne créeras pas de réaction sur la base d'un mensonge. Au lieu de cela, tu demanderas « Qu'est-ce qui est réellement désiré ou requis ici ? »

Participant : Donc, si je suis conscient qu'il y a un mensonge, se pourrait-il que je sois conscient d'un mensonge projeté sur moi ou que je sois conscient d'un mensonge dans ma propre réalité ?

Gary : Oui, tout cela, et plus encore. Une fois que tu reconnais qu'il y a un mensonge, tu as le choix. Retourne au choix une fois que tu reconnais qu'il y a un mensonge. Si tu ne reconnais pas qu'il y a un mensonge, tu ne peux pas retourner au choix.

Participant : Reconnaître « Ceci est un mensonge » et retourner aux quatre questions ?

Gary : Oui, demande :

- Qu'est-ce que c'est ?
- Qu'est-ce que j'en fais ?
- Est-ce que je peux le changer ?
- Si oui, comment le changer ?

Participant : J'ai eu beaucoup de colères inexplicables et de rage destructrice dans ma vie et j'ai abusé avec ça. Et ça n'avait aucun sens pour moi. J'ai récemment découvert la super antenne à mensonges que j'ai chaque fois qu'il y a un mensonge. Quelle part de ma colère abusive contre moi-même est-elle le fait que je ne suis pas conscient de ce dont je suis conscient ?

Gary : L'aspect le plus important à considérer c'est « Quelle part de cette colère abusive est ma conscience d'un mensonge ? » Pose la question puis POC et PODe tout ce que tu as acheté et dont tu as fait un implant distracteur parce que quand tu trouves un mensonge, mais que tu ne le reconnais pas, tu as tendance à le mettre dans l'univers des implants distracteurs.

Participant : Est-ce pour ça que je pouvais être abusif avec moi même si c'était du pouvoir et de la puissance non reconnus ?

Gary : Oui, tu commences par la conscience et puis tu vas immédiatement à la réaction, parce que c'est ce que tout le monde fait. Tu penses que pour être comme les autres, tu dois faire comme les autres.

Participant : Oui, et la colère et la rage que j'avais étaient, selon moi, tellement moches et abusives que je transformais ça en honte de moi-même, et puis il y avait encore plus de colère, et, oh… merde !

Gary : Tu es un implant distracteur sur pattes prêt à se manifester. Et qu'en est-il de vous tous ?

Avez-vous essayé de vous faire passer pour un implant distracteur comme tout ce que tout le monde est, fait et génère ? N'est-ce pas mignon ? Tout ceci, fois un dieulliard, allez-vous le détruire et le décréer totalement s'il vous plaît ? Right and Wrong, Good and Bad, POD and POC, All 9, Shorts, Boys and Beyonds.

Dain :

Quelle actualisation physique de la maladie inchangeable et inaltérable de la puissance et du pouvoir ne reconnais-tu pas comme la source pour la création de ce qui est caché sous tous les implants distracteurs ? Tout ceci, fois un dieulliard, vas-tu le détruire et le décréer totalement ? Right and Wrong, Good and Bad, POD and POC, All 9, Shorts, Boys and Beyonds.

Gary : Vas-y, Dain, frappe encore un grand coup.

Dain :

Quelle actualisation physique de la maladie inchangeable et inaltérable de la puissance et du pouvoir ne reconnais-tu pas comme la source pour la création de ce qui est caché sous tous les implants distracteurs ? Tout ceci, fois un dieulliard, vas-tu le détruire et le décréer totalement ? Right and Wrong, Good and Bad, POD and POC, All 9, Shorts, Boys and Beyonds.

Gary : Ceci devient de plus en plus lourd. Vous feriez bien de mettre ça en boucle et de l'écouter sans arrêt, parce que, vous savez quoi ? C'est la seule chose qui va vous extraire de la merde dont vous avez décidé qu'elle était la vôtre.

Dain :

> Quelle actualisation physique de la maladie inchangeable et inaltérable de la puissance et du pouvoir ne reconnais-tu pas comme la source pour la création de ce qui est caché sous tous les implants distracteurs ? Tout ceci, fois un dieulliard, vas-tu le détruire et le décréer totalement ? Right and Wrong, Good and Bad, POD and POC, All 9, Shorts, Boys and Beyonds.

Participant : Est-ce que le fait de faire tourner ce processus en boucle va naturellement nous permettre d'être l'énergie que nous avons besoin d'être quand nous communiquons avec les gens, parce que nous devons livrer un certain niveau de puissance dans nos interactions ?

Gary : Oui, et plus tu prendras conscience des implants distracteurs, plus tu réaliseras que si tu requiers que telle personne réagisse d'une certaine façon, tout ce que tu auras à faire, c'est de pousser sur ce bouton — et tu peux pousser sur ce bouton.

Ne te fatigue pas à faire cela avec les gens d'Access parce que tu n'as pas à chercher de réaction de leur part ; tu cherches de l'action. Mais avec les gens qui ont des boulots normaux, par exemple si tu vas à l'agence de location de voitures, il y a des gens que tu peux faire aller dans reproche, honte, regret et culpabilité et qui te donneront une meilleure voiture pour moins d'argent. Tout ce que tu as à faire, c'est d'avoir la conscience de comment créer l'énergie de cet implant distracteur et tout d'un coup, ils vont faire ce que tu as besoin qu'ils fassent de la façon dont tu veux qu'ils le fassent. Et non, ce n'est ni méchant ni vicieux ; c'est juste être dans cette réalité et faire fonctionner les autres d'une façon qui fonctionne pour toi. En vérité, tu ne le feras pas avec beaucoup de monde.

Quand tu en arriveras au stade où tu ne fonctionneras pas à partir de colère, rage, fureur et haine, parce que c'est le principal implant distracteur qui pilote ta vie pour l'instant, tu auras l'espace où tu pourras manipuler et contrôler les autres de la façon qui est nécessaire, pour obtenir le résultat nécessaire, en te basant sur ton savoir de ce qui est requis.

Participant : Donc, le fait que les autres dirigent ma vie — est-ce que c'est moi qui suis réticente à manipuler les autres ?

Gary : Oui, et c'est aussi le fait que tu sois réticente à être active. Alors, tu es réactive.

Dain : Ce qu'on apprend pratiquement tous, c'est que notre job c'est d'être réactif. C'est soi-disant beaucoup plus facile d'être réactif et nous ne sommes pas responsables des choix que nous faisons quand nous sommes réactifs, et nous pouvons mettre ce qui se passe sur le dos des autres.

Manifestement, ça ne fonctionne pas pour toi, parce que si c'était le cas, tu ne participerais pas à cet appel et, en vérité, tu n'aurais pas été attirée par Access Consciousness, parce qu'Access, c'est assumer et être actif dans sa vie plutôt que d'être réactif à cette réalité et tous ses caprices insensés.

> Quelle actualisation physique de la maladie inchangeable et inaltérable de la puissance et du pouvoir ne reconnais-tu pas comme la source pour la création de ce qui est caché sous tous les implants distracteurs ? Tout ceci, fois un dieulliard, vas-tu le détruire et le décréer totalement ? Right and Wrong, Good and Bad, POD and POC, All 9, Shorts, Boys and Beyonds.

Participant : Peux-tu en dire plus s'il te plaît sur le fait d'utiliser la colère pour soi de manière générative et incinérer les limitations plutôt que contre soi ?

Gary : Quand tu n'es pas réactif sur la base de la colère, et qu'au lieu de cela, tu es actif en rapport avec la colère, tu peux utiliser la colère de manière générative pour amener les gens à agir plutôt qu'à réagir, et ce, rapidement. C'est comme quand j'ai vu ce gamin courir dans la rue juste devant une voiture. J'ai dit « Stop ! »

C'était de la colère et aussi un ordre. L'enfant s'est arrêté net ; il n'a pas été renversé. C'était de la colère générative. Ce n'est pas parce que je savais que ce niveau de colère était nécessaire, c'est parce que j'avais vu les parents utiliser la colère contre lui. J'ai dupliqué cette colère pour obtenir une réaction instantanée de l'enfant à ce que je disais.

Donc, c'est l'une des façons d'utiliser la colère de manière générative pour que quelque chose se passe. Quand tu utilises la colère générative, c'est en fait juste un semblant de colère. Ce n'est pas de la colère, cela n'a pas d'effet indésirable sur ton corps.

Participant : J'ai utilisé la colère pour incinérer mes limitations en formulant des demandes comme « Ça, ça va se faire maintenant, point final ! »

Gary : Ce n'est pas de la colère ça. Tu n'as pas besoin d'utiliser la colère pour obtenir ça. Tout ce que tu as à faire, c'est d'utiliser l'intensité qu'est le toi réel.

Participant : Quand je suis pris par un implant distracteur de colère et que je m'empoisonne, est-ce qu'il y a un déblayage que je peux utiliser pour dissiper ça ?

Dain : Si tu POC et PODes tous les implants distracteurs et que tu détruis et décrées tout ce qu'il y a en dessous, cela changera ta physiologie et les effets de la colère dans ta vie, parce que les effets dans ta vie sont liés à l'implant qui est en place.

Il y a trois choses que tu dois considérer par rapport à colère, rage, fureur et haine. Trois choses à faire quand tu y es confronté :

1. POC et PODe tous les implants distracteurs. S'il y a autre chose là, et que tu viens d'avoir une conversation avec quelqu'un ou si c'est par rapport à une information, demande :

2. Quel est le mensonge ici, verbalisé ou non ? Une fois que tu trouves le mensonge, ton attention va s'en détacher.

3. À qui est-ce que ça appartient ? Pose cette question parce que tu pourrais percevoir la colère, la rage, la fureur et la haine qui sont dans le monde.

Une fois que tu auras traité la colère, la rage, la fureur et la haine dans ta vie, tu devrais remarquer que pratiquement tout se sera dissipé. Ce sera parti en majeure partie, y compris les montées d'adrénaline que cela crée.

Participant : Aujourd'hui, je ne suis pas parvenu à décrocher.

Gary : Laisse-moi te poser une question : dans quelle mesure ce dont tu dis ne « pas pouvoir décrocher » est quelque chose qui ne t'appartient pas et que tu achètes ? Beaucoup, peu ou des mégatonnes ?

Participant : Des mégatonnes.

Gary :

> Tout ce que tu as acheté ou vendu à toi-même et que tu as rendu réel qui ne l'est en fait pas, vas-tu le détruire et le décréer totalement s'il te plaît ? Right and Wrong, Good and Bad, POD and POC, All 9, Shorts, Boys and Beyonds.

Ceci fait voler en éclat beaucoup de choses, alors tu vas peut-être bien pouvoir t'en libérer. Sachez que vous achetez tous continuellement plein de trucs. Par exemple, quand vous avez des parents ou frères et sœurs en colère, vous avez tendance à vouloir voir la justesse de leur point de vue. S'ils font colère, rage, fureur et haine, vous essayez de voir ce qui est juste là-dedans. Vous supposez qu'ils ne le feraient pas s'ils savaient ce qu'ils faisaient. Non. Vous devez reconnaître que c'est un implant distracteur et qu'ils n'ont aucune idée de ce qu'ils font.

Il faut que vous saisissiez ça, parce que la majorité du monde fonctionne à partir d'un endroit où ils n'ont aucune idée de ce qu'ils font ou pour quoi ils le font, mais ils continuent à le faire, pensant qu'ils vont obtenir un résultat différent.

Dain : Ils ne remettent jamais cela en question, ils n'y pensent même pas, ils ne pensent jamais autrement — ils le font simplement parce qu'ils le font. Et c'est ça que tu dois saisir : quatre-vingt-dix-neuf pour cent du monde ne remet rien en question. Ils ont obtenu un résultat avec quelque chose, alors ils s'y accrochent. Ils ont peut-être obtenu un résultat ainsi une fois sur mille, mais ils vont s'y accrocher parce qu'ils ont eu une fois un résultat.

Participant : Je viens de déménager et vendredi, Bell Canada devait venir installer mon téléphone. J'ai dû prendre un jour de congé et je les ai attendus toute la journée — mais ils ne sont jamais venus. J'étais dans une rage folle.

Je me suis demandé « Qui est qu'es-tu quand tu es dans cet état ? Contre qui es-tu en colère ? » Et ce que j'ai reçu, c'est que j'allais dans le tort de moi et à quel point j'étais inconscient. Est-ce que cette rage me maintient dans le tort de moi ? Cette énergie est immense. Est-ce à moi ou à quelqu'un d'autre ? Que faudrait-il pour que je n'aille plus dans le tort de moi ? Ou bien, que faudrait-il pour que je ne me mette plus dans des rages folles ?

Gary : Si tu vas dans la rage, tu es dans les implants distracteurs. Alors, demande :

> Tout ce que j'ai fait pour créer ceci je le détruis et le décrée totalement ? Right and Wrong, Good and Bad, POD and POC, All 9, Shorts, Boys and Beyonds.

Une fois que tu prends conscience que ce que tu fais n'est pas nécessaire et que tu n'es pas obligé de fonctionner à partir de ça, un tout nouveau monde peut se présenter pour toi, qui ne se présenterait à personne d'autre. Mais il faut que tu sois prêt à poser une question. Se mettre en colère contre les fournisseurs de services est tout aussi futile que de se mettre en colère contre le gouvernement.

Participant : Quelle question poser ?

Gary : Vont-ils effectivement fournir ce qu'ils disent qu'ils vont fournir ? Quatre-vingt-dix-neuf pour cent du temps, la réponse est non. Quand tu as quelqu'un qui planifie quelque chose de ce genre pour toi, demande :

- Vérité, quand est-ce que ceci va se passer ?
- Quand cela se passera-t-il exactement ?
- Pouvez-vous me donner une heure exacte ?

Dis-leur que cela va te coûter 2000 $ pour faire ça parce que tu vas manquer quelque chose de très important et que tu dois savoir plus exactement quand ça va se passer.

Participant : Quand une femme est enceinte et qu'elle a des contractions ou quand elle a des douleurs menstruelles, c'est normal et tu dis « Oh c'est une contraction » ou « Oh ce sont les règles ! » La rage est comme ça pour moi.

Quand elle se présente, je sais exactement ce que c'est.

Dain : (dit avec intensité) POC et PODe-la. C'est un implant distracteur. Ne me pousse pas à la torture. POC et PODe toutes ces conneries ! C'est ce dont on parle depuis une demi-heure. C'est ce que tu fais. As-tu capté cette énergie ? C'est un exemple d'intensité. C'est possible quand tu ne fonctionnes pas à partir d'une réalité d'implants distracteurs. Maintenant que tu l'as expérimenté, tu ne l'oublieras pas.

Gary : Et tu pourrais même vraiment dépasser la rage, mais probablement pas — parce que c'est tellement fun.

Participant : Merci.

Dain : J'espère que vous avez aimé cet appel, et j'espère que vous allez vous autoriser ces prochaines semaines à utiliser ces trois choses :

1. POC et PODez tous les implants distracteurs.
2. Demandez : y a-t-il un mensonge ici, verbalisé ou non ?
3. Demandez : à qui est-ce que ça appartient ? Et POC et PODez tout ce qui ne vous appartient pas qui maintient ça en place.

Si vous faites ça, avec un peu de chance, dans les prochaines semaines, vous serez vraiment libérés de ces choses.

Gary : On aimerait que vous en soyez libérés, on aimerait que vous soyez l'action que vous pouvez être dans le monde au lieu de la réaction que vous essayez d'être.

Participant : Nous avons beaucoup de ces trucs à faire et je n'ai pas le temps de les faire la journée, alors je dors avec ces processus en boucle. Est-ce que ça fonctionne si je les mets sur silencieux ou à très faible volume ?

Gary : Totalement et complètement.

Dain : Plutôt bien en fait.

Gary : C'est tirer parti de toutes les heures de la journée. Profiter de la journée et prendre le soir pour POC et PODer tous ces trucs.

Dain : Merci à tout le monde. Et à la prochaine.

CHAPITRE DEUX
Reproche, honte, regret et culpabilité

Gary : Bonjour tout le monde. Aujourd'hui, nous allons parler des implants distracteurs reproche, honte, regret et culpabilité. Ces implants distracteurs sont conçus pour enlever tout ce qui est puissant en vous.

Lors du dernier appel, nous avons parlé de colère, rage, fureur et haine et de comment, à travers ces implants, vous vous mettez en position de réaction et perdez la capacité d'agir. Avec reproche, honte, regret et culpabilité, vous allez à un endroit de jugement où vous ne pouvez pas agir. Vous devenez réactif. Vous n'agissez jamais totalement et vous supposez toujours instantanément que vous êtes en tort. Ce n'est pas dans votre meilleur intérêt.

Participant : Peux-tu parler des implants distracteurs et comment nous adoptons l'univers des autres ?

Gary : Nous nous sommes entraînés à être en phase avec tout le monde. Dans cette réalité, nous pensons qu'être en phase est plus important que tout le reste. Combien d'entre vous ont le sentiment que d'une certaine façon, vous ne marchez pas au rythme du même tambour que les autres ?

Participant : J'ai choisi une famille juive dans cette vie-ci. Peux-tu s'il te plaît faire un déblayage sur ce type d'héritage, où ce truc de culpabilité, honte et reproche semblent être épidémiques ?

Humains et humanoïdes

Gary : Pratiquement toutes les églises, cultes, sectes et religions sont conçus pour te pousser au reproche, à la honte, au regret et à la culpabilité aussi souvent que possible.

Ce qui est intéressant là-dedans, c'est que ça fonctionne vraiment très bien avec les humanoïdes, parce qu'ils sont toujours prêts à aller dans le jugement de soi. Les humains, par contre, ne se jugent pas eux-mêmes. Ils ont tendance à ne pas culpabiliser. Les humains vont au reproche. Ils disent « Je ne pouvais pas faire autrement. Tu m'as forcé. » Ils te blâment. Les humains te diront toujours comment tu as tort et comment ils ont raison.

Dain : Reproche, honte, regret, culpabilité ne fonctionne que sur les humanoïdes. Alors, si vous êtes humanoïdes, vous aurez toujours des humains qui vous blâment, qui vont refuser de prendre quelque responsabilité que ce soit et vont essayer de vous faire honte. Ils vont essayer de vous pousser au regret et à vous sentir coupable tout en ne vivant pas ces choses eux-mêmes.

D'un point de vue humain, reproche, honte, regret et culpabilité est un formidable égaliseur d'humanoïdes. Cela les rabaisse au niveau humain, parce que si vous fonctionnez à partir des implants reproche, honte, regret et culpabilité, vous fonctionnez toujours comme moins que vous. Ces implants distracteurs sont un moyen de vous faire rentrer, vous, humanoïdes, dans le moule des humains — c'est un moyen de vous intégrer à cette réalité pour que vous puissiez être contrôlés par les humains.

Gary : Les implants distracteurs sont conçus pour vous synchroniser avec la réalité humaine et une fois que vous vous débarrassez des implants distracteurs, vous commencez à avoir le pouvoir et la puissance que vous êtes en tant qu'humanoïdes.

Participant : Prendre conscience des implants distracteurs et de tous les systèmes déclencheurs qui leur permettent d'exister et de me contrôler — et être capable de choisir la puissance qui se trouve en dessous — a changé ma réalité et m'a permis d'avoir plus d'énergie que ce que pensais être possible. L'épuisement profond de mon corps et de mon être dont j'avais conscience durant des années s'est dissipé et toute la puissance sous-jacente est maintenant utilisée de manière générative.

Dain : C'est pour cela que nous faisons tous les implants distracteurs par ensembles de quatre. Chaque ensemble requiert une certaine quantité d'énergie pour les maintenir en existence.

Gary :

> Combien d'énergie utilises-tu pour maintenir reproche, honte, regret et culpabilité comme réels pour toi ? Un peu, beaucoup ou des mégatonnes ? Tout ceci, fois un dieulliard, vas-tu le détruire et le décréer totalement ? Right and Wrong, Good and Bad, POD and POC, All 9, Shorts, Boys and Beyonds.

Participant : Est-ce que le reproche, la honte, le regret et la culpabilité sont toujours dirigés vers moi ? Est-ce dirigé sur moi uniquement ? Est-ce correct ?

Gary : Non, les gens vont te blâmer et toi tu vas te blâmer.

Dain : Le blâme ne fonctionne pas vraiment avec les humains, mais il est possible de blâmer des humanoïdes en disant des choses comme « C'était de ta faute. Tu m'as forcé. »

Participant : Il me semble que je ne blâme que moi-même. Je n'ai de honte que pour mon corps et moi. Je n'ai pas honte pour qui que ce soit d'autre que moi. C'est ce que je veux dire. Je ne le fais pas avec les autres. Seulement à moi-même.

Gary : Oui, c'est correct. C'est conçu pour t'intérioriser. Cela te fait toujours te voir comme un tort.

> Quelle actualisation physique de la maladie autodestructrice, intériorisante, autoflagellante, automutilante, autoamoindrissante de reproche, honte, regret et culpabilité ne reconnais-tu pas comme la source de l'élimination d'être en faveur du tort de toi ? Tout ceci, fois un dieulliard, vas-tu le détruire et le décréer totalement ? Right and Wrong, Good and Bad, POD and POC, All 9, Shorts, Boys and Beyonds.

Le corps

Participant : J'ai donné et reçu beaucoup de processus corporels, et chaque fois que je le fais, cela déverrouille plus de ces choses. Et même si je POC et PODe ces implants distracteurs, je ne suis pas sûre de pouvoir tout atteindre sans faire aussi des processus corporels.

Gary : C'est pour cette raison que nous avons créé la classe corps. Nous avons remarqué que nous pouvions faire beaucoup en POC et PODant, mais à moins que le corps n'ait sa dose de ce dont il avait besoin, on ne parvenait pas à la liberté. Le corps fait partie intégrante de devenir pleinement soi. Il s'agit de devenir qui tu es. C'est pour cela que nous avons créé les processus corporels.

Participant : Déverrouiller ces choses a été ma priorité numéro un dans ma vie et je commence à me reconnaître pour la toute première fois. Alors, merci.

Gary : Merci à toi. Sache simplement que si tu fais MTVSS[6] sur la couronne et le périnée, il y a des chances que tu aies beaucoup de changements avec ces implants distracteurs.

Dain : MTVSS déverrouille des choses à un niveau énergétique différent des processus verbaux. Longtemps, on a dit que MTVSS déverrouillait le plan directeur du corps. Ce qui s'est passé pour nous, notamment, c'est que nous avons été « imprimés » dans cette réalité au moyen des implants distracteurs. Si tu n'as pas encore participé à une classe corps, je te le recommande vivement. Tu apprendras à faire MTVSS et beaucoup d'autres merveilleux processus corporels.

Tellement de gens qui ont fait des classes corps ont dit « Je n'aurais jamais cru cela possible ! Je n'aurais jamais pensé que ça pouvait exister ! Je n'aurais jamais pensé que cet élément de ce que je pouvais être pourrait se présenter ! » Tellement de choses ont été déverrouillées avec ces proces-

---

[6] *MTVSS (Système de mue terminale de la valence moléculaire) est un processus corporel doux et profondément relaxant d'Access Consciousness qui se pratique en posant légèrement les mains.*

sus. Que cela soit dans ta conscience, parce que ces processus corporels changent les choses à partir d'un endroit totalement différent de ce que font les processus verbaux.

Participant : Tu as mentionné l'impact des implants distracteurs sur le corps. Est-ce que certains l'affectent plus que d'autres ?

Gary : Pas nécessairement. Mais tous affectent le corps d'une façon ou d'une autre, parce que tu les verrouilles dans ton corps en leur permettant d'être plus puissants que toi. C'est parce que toutes ces choses sont des bandes de Möbius qui tournent continuellement en boucle de sorte que tu ne peux jamais sortir de ce système de relecture automatique de cette réalité.

La culpabilité

Participant : Quel est le meilleur moyen d'éradiquer, pour de bon, le sentiment envahissant de culpabilité chaque fois que j'ai un peu de temps libre pour moi ?

Gary : Eh bien, tout d'abord, ce n'est pas que tu as du temps libre pour toi. Le temps libre, ça n'existe pas. C'est toi qui te sens coupable de ne pas faire quelque chose que tu as décidé que tu n'allais pas faire quand tu prends du temps pour toi. C'est l'une des raisons pour lesquelles la culpabilité est là-dedans. C'est pour que tu te sentes toujours sans valeur, et que tu ne puisses jamais être toi. Tu dois être quelqu'un d'autre.

Dain :

> Quelle actualisation physique de la maladie autodestructrice, intériorisante, autoflagellante, automutilante, autoamoindrissante de reproche, honte, regret et culpabilité ne reconnais-tu pas comme la source de l'élimination d'être en faveur du tort de toi ? Tout ceci, fois un dieulliard, vas-tu le détruire et le décréer totalement ? Right and Wrong, Good and Bad, POD and POC, All 9, Shorts, Boys and Beyonds.

Participant : Gary, je n'ai aucune idée de ce que signifient la moitié de ces mots. Peux-tu les passer en revue s'il te plaît ?

Gary : L'intériorisation c'est quand tu regardes en toi pour voir où tu as tort. C'est là où tu dis « Oh, je n'aurais pas dû faire ça. J'ai honte. J'ai de la honte dans mon corps. Je suis perclus de culpabilité. Je suis mauvais. »

L'autoamoindrissement est similaire. C'est quand du dis « Oh, je suis une personne épouvantable. Je suis tellement en tort. » Cela crée beaucoup de ferveur religieuse chez les gens qui vont alors à l'autoflagellation. L'autoflagellation c'est ce que faisait le gars dans Da Vinci Code. Il se battait lui-même et se mettait un cilice autour de la jambe pour créer de la douleur. Ces choses sont basées sur l'idée que tu es intrinsèquement en tort. Ce sont des moyens de te rapprocher de Dieu en n'étant pas tout ce que tu as fait de mal. Et s'il n'y avait rien de fondamentalement mauvais en toi ?

Dain : Ce sont des choses qui créent le sentiment qu'il y a un tort inhérent en toi et les gens peuvent utiliser cela pour déclencher ça chez toi. Et alors, tu vas continuellement à ce point de vue, encore et encore. Certaines énergies peuvent déclencher cela.

Participant : Depuis le précédent appel, j'ai aussi le sentiment qu'il y a un « moi » en dessous de tout ça. Il y a l'implant distracteur et maintenant il y a un « moi » aussi.

Gary : Avant, quand je parlais des implants distracteurs aux gens, je disais « Si tu réagis à ces implants, ce n'est pas vraiment toi. »

Je supposais que les gens diraient alors « Oh ! Ce n'est pas moi. C'est un implant distracteur » et qu'ils ne l'achèteraient pas, mais je me suis trompé. (La supposition fait de toi et moi des imbéciles.) Mais les gens l'achètent parce que c'est tellement engrammé et synchronisé. C'est comme la natation synchronisée, où chacun utilise ses bras de la même façon exactement au même moment. Ou comme la danse en ligne. Tout le monde fait les mêmes pas comme s'ils allaient quelque part, mais ils ne vont nulle part. Ils dansent juste sur le même morceau.

C'est là le problème. C'est comme si tu étais une sorte de marionnette. Tu n'as pas le choix. Reproche, honte, regret et culpabilité éliminent le choix. C'est pour cela que nous faisons cet appel. D'une certaine façon, les gens soit a) ne pigent pas, soit b) ne réalisent pas qu'ils ont réellement le choix de choisir d'en faire un problème ou pas.

Participant : Est-ce ça qui fait que j'ai renoncé au choix ? Comme je l'ai dit, j'ai un sentiment de « moi » maintenant et de « moi » avant et j'ai tous ces implants distracteurs là.

ÊTRE OU AVOIR BESOIN DE FAIRE

Gary : Oui, mais tu vois que nous parlons d'être. Dans cette réalité, es-tu encouragé à *être* ou es-tu encouragé à *faire* ?

Participant : À faire.

Gary : Oui, et avec ces implants distracteurs, c'est comme ceci :

- Reproche — Tu as fait quelque chose de mal.
- Honte — J'ai mal fait
- Regret — Je n'aurais pas dû le faire.
- Culpabilité — Comment ai-je pu faire quelque chose d'aussi terrible ?

Ce sont tous ces endroits où *faire* devient plus grand qu'*être*. Si tu commences à réaliser que ces implants distracteurs t'empêchent d'être, tu peux commencer à saisir que l'être se trouve en dessous. C'est ce qui est caché sous les implants distracteurs.

Le premier ensemble colère, rage, fureur et haine concernait la puissance et le pouvoir. Cet ensemble-ci, reproche, honte, regret et culpabilité concernent l'être.

Participant : C'est comme si tu ne savais même pas qu'ils dirigent ta vie.

Gary : Oui, ils dirigent ta vie. C'est ça le plus important dans ce que tu as dit. Il y a des milliers de façons dont tu as renoncé au contrôle de ta vie et à la capacité de diriger ta propre vie. Tu n'as d'autre capacité que de réagir à une situation ou de réagir à un ensemble de circonstances par des réponses spécifiques.

Dain : Les implants distracteurs te sortent d'un ensemble de réponses que tu aurais en tant qu'être infini pour te mettre dans les réponses qui te rattachent à cette réalité. Chaque fois que quelque chose pourrait t'expanser au-delà de cette réalité, ces implants tournent en boucle et tissent tes fils dans cette réalité pour que tu y contribues tout le temps plutôt que de contribuer à la défaire ou la déverrouiller.

> Quelle actualisation physique de la maladie autodestructrice, intériorisante, autoflagellante, automutilante, autoamoindrissante de reproche, honte, regret et culpabilité ne reconnais-tu pas comme la source de l'élimination d'être en faveur du tort de toi ? Tout ceci, fois un dieulliard, vas-tu le détruire et le décréer totalement ? Right and Wrong, Good and Bad, POD and POC, All 9, Shorts, Boys and Beyonds.

Gary : « Le besoin de faire » devrait être ajouté à la fin de ce processus.

Dain :

> Quelle actualisation physique de la maladie autodestructrice, intériorisante, autoflagellante, automutilante, autoamoindrissante de reproche, honte, regret et culpabilité ne reconnais-tu pas comme la source de l'élimination d'être en faveur du tort de toi et du besoin de faire ? Tout ceci, fois un dieulliard, vas-tu le détruire et le décréer totalement ? Right and Wrong, Good and Bad, POD and POC, All 9, Shorts, Boys and Beyonds.

Gary : Waouh !

Participant : Quand tu disais la formule de déblayage, le terme d'autoéradication m'est venu.

Gary : Quand tu cherches à *faire* plutôt qu'à *être*, c'est l'éradication de l'être. Tout ceci est conçu pour éradiquer ton être en faveur de la justesse de faire quelque chose de mal pour prouver que tu es en tort. Ainsi, au bout de compte, c'est l'éradication de soi dans tous les aspects, et tu arrives avec le sentiment d'être invisible et non vu.

Participant : Comment sais-tu si quelque chose vient d'un implant distracteur ou d'une entité ?

Gary : La seule façon de savoir s'il s'agit d'une entité (et généralement ça ne l'est pas – c'est en général une réaction automatique), c'est si tu entends le mot « tu » dans ta tête : « Tu es mauvais. Tu l'as mal fait. C'est de ta faute. » C'est la façon dont l'entité te contrôle. Les entités n'utilisent les implants distracteurs que comme système de contrôle.

Dain : Toi, tu diras toujours « je ». Si tu entends « tu » dans tes pensées pour faire référence à toi, c'est une entité. Si tu entends « tu », tu sais que ce n'est pas toi ; c'est une entité.

LE POUVOIR ET LA PUISSANCE

Participant : Depuis le dernier appel sur la colère, j'ai l'impression d'expérimenter plus de colère que jamais auparavant, surtout ces derniers jours. J'ai fait tourner les déblayages et j'ai POC et PODé, mais on dirait que c'est comme de minuscules piqûres dans la peau d'un éléphant. Cela ne semble pas faire bouger grand-chose.

Gary : Si tu fais colère, rage, fureur et haine et que tu as reproche, honte, regret et culpabilité pour t'être mis en colère par-dessus, tu apprends avec une forte intensité à te punir en réprimant tout le temps ta colère. Le fait que la colère augmente indique probablement que tu entres dans cet implant, et c'est l'une des façons dont tu te donnes tort pour chaque choix que tu fais.

Dain : Lors du dernier appel, nous avons évoqué que la colère était en fait de la puissance avec le distracteur en place. Ainsi, quand on réprime l'implant distracteur de la colère, on réprime aussi la puissance.

Et en fait, le reproche, la honte, le regret et la culpabilité sont ce que beaucoup de gens utilisent pour se donner tort.

Récemment, Gary et moi étions en train de discuter au dîner. Du fait des choix différents que lui et moi avons faits, les choses se présentent très différemment et de nombreuses possibilités sont disponibles pour nous. Pourtant j'allais à un endroit à partir duquel j'avais appris à fonctionner, qui était : « Qu'est-ce que je ne fais pas encore ? Qu'est-ce qui ne se passe pas ? Qu'est-ce qui devrait se passer qui ne se passe pas ? »

Gary a dit « Cela fait partie du reproche, de la honte et du regret des choses. Pourquoi ne demandes-tu pas « Quelle possibilité y a-t-il ici que je n'ai pas encore choisie, embrassée ou reconnue ? »

Gary : Il est vraiment important que tu commences à reconnaître ceci. Tu ne reconnais probablement pas que tu as beaucoup de pouvoir et de puissance. Le fait que tu ailles à la colère est plutôt bon signe que mauvais signe.

Tu dois te demander : « Est-ce que j'utilise la colère pour contrôler les gens ? Ou suis-je en colère parce que cette personne me met hors de moi et je sais qu'il peut en être autrement ? »

Participant : Oui, je vois la puissance sous la colère, mais je...

Gary : Tu ne demandes pas : « Est-ce que je fais la puissance ou la colère ici ? » L'énergie de la puissance et de la colère sont très similaires, mais elles sont différentes.

Dain : Elles sont extrêmement semblables, mais il y a une liberté et un espace avec la puissance que la colère n'a pas.

Gary : Alors, commence à demander : « Est-ce que je fais la puissance ou la colère ici ? » Avant, Dain disait : « Je suis tellement en colère contre ceci » et je riais toujours.

Dain : Ce qui, il faut bien le dire, n'arrange rien à la colère, quand on pense être en colère.

Gary : Je riais parce que je réalisais que cela n'avait rien à voir avec de la colère. C'était toujours sa puissance qui se présentait. Alors, je riais et Dain était de plus en plus en colère et je disais : « Super puissance, gars ! »

Dain disait « Argh, tu es tellement exaspérant ! » et je disais : « Oui, je sais, c'est drôle, non ? »

Vous êtes très puissants et quand vous avez la puissance que vous avez pratiquement tous, cette énergie va monter. Vous devez demander : « Est-ce que c'est de la colère ou de la puissance ? » La différence entre la façon dont la puissance et la colère sont ressenties est très ténue, mais il y en a une. C'est de cette façon que l'implant distracteur a été installé. La colère était suffisamment proche de ta puissance, pour pouvoir y attacher tous ces trucs. Il en va de même du faire et de l'être. C'est pourquoi ces choses sont si insidieuses et offensantes ?

Participant : Faut-il canaliser la puissance d'une façon ou d'une autre ?

Gary : Non, pour commencer, il suffit de la reconnaître. Tu apprendras à la canaliser plus tard. Apprends d'abord à la reconnaître. Tu pourras apprendre à l'utiliser plus tard.

Participant : Parfois, je prends conscience de choses qui se déroulent dans mon corps et ma conscience. La puissance passe de plus en plus. Parfois, c'est comme une combinaison entre un système déclencheur des implants distracteurs et de la puissance en même temps.

Gary : C'est ainsi que les implants distracteurs ont été créés. Pour avoir un implant, quel qu'il soit, tu dois soit t'aligner et t'accorder avec quelque chose ou bien résister ou réagir à quelque chose. Tu n'as peut-être pas résisté ou réagi à ces choses, mais tu t'es aligné et accordé avec ta puissance — et la connexion entre la puissance et la colère est très proche. T'aligner et t'accorder avec ta puissance est l'élément qui était nécessaire pour induire cet implant électroniquement dans ton champ.

Participant : Que veux-tu dire par « m'aligner et m'accorder avec ma puissance » ?

Gary : Quand tu es véritablement puissant, tu dis : « Eh, je suis si puissant ! » C'est ça t'aligner et t'accorder avec ta puissance.

Nous essayons de déverrouiller tout ceci pour que vous ayez une autre façon d'être dans le monde, une autre façon de faire dans le monde et une façon différente de fonctionner dans le monde qui vous donnera le pouvoir et la puissance et tous les éléments qui les constituent.

Participant : Est-ce que je confonds être et faire ?

Gary : Nous confondons tous *être* et *faire* parce qu'on nous a appris que nous devions *faire* pour prouver que nous *étions*. Mais il n'est pas nécessaire de *faire* pour prouver que vous *êtes*, parce que si vous *êtes*, vous aurez beaucoup de « *faire* » à faire. Et quand vous faites quelque chose, vous l'accomplissez en un rien de temps. Par exemple, j'ai préparé un conteneur d'antiquités à expédier en Australie. C'est un boulot immense. Brendon est venu m'aider et on a tout fini en deux jours. Je voulais envoyer un paravent, mais l'arrière devait être regarni. Je l'ai apporté chez le garnisseur à dix heures du matin et je l'ai récupéré terminé à dix-huit heures le jour même ! Les garnisseurs ne font généralement pas cela.

Quand tu es toi, tout dans le monde s'aligne et s'accorde pour te permettre que les choses se passent instantanément. Cela arrive de plus en plus — pas de moins en moins. Quand tu sors du *faire* pour entrer dans l'espace où tu es capable d'*être*, les choses se passent instantanément et avec aisance.

Chacun de ces distracteurs du reproche, de la honte, du regret et de la culpabilité ont pour objet de mener au « J'ai mal fait. Je n'aurais pas dû le faire. » C'est le *faire* à partir du point de vue du tort. Être dans le choix est un univers totalement différent. Cela change la façon dont tu fonctionnes dans la vie. Nous essayons de vous amener à l'endroit où vous pouvez être vous et que tout se passe avec une telle aisance et une telle joie que vous avez l'impression de ne pas faire grand-chose. Vous avez l'impression que vous êtes à l'arrêt et tout le monde vous voit bouger à la vitesse de l'espace.

Participant : Est-ce qu'on fait au lieu de choisir ? Et quand on choisit est-ce qu'on doit vraiment faire ?

Gary : Tu viens d'aller à l'implant distracteur « Je n'ai pas besoin de faire. »

Participant : Peux-tu expliquer s'il te plaît ?

Gary : Si tu *es*, alors, *faire* fait simplement partie d'*être*. C'est simplement l'un des nombreux choix qui sont à ta disposition. Tu penses que *faire*, c'est quelque chose que tu ne veux pas faire. Tu penses qu'il faut *choisir* pour que le *faire* se fasse tout seul. Ce n'est pas du tout cela. Ce que tu décris, c'est s'aligner et s'accorder avec l'idée qu'être ne requiert aucun faire. Et c'est cela qui permet à l'implant de s'attacher à toi.

Participant : Je commence à saisir ça Gary. Merci. Je réécouterai ceci vingt-cinq millions de fois.

POINT DE VUE INTÉRESSANT

Dain : C'est ce qu'élimine l'outil « Point de vue intéressant que j'aie ce point de vue ». Si tu faisais ça pendant six mois, tu serais libre. Chacun de ces implants distracteurs fonctionne à partir d'une limitation où tu t'es aligné et accordé avec quelque chose ou bien où tu as résisté ou réagi à quelque chose, ce qui implique que tu n'es pas « point de vue intéressant ».

Avec « Point de vue intéressant que j'aie ce point de vue », *être* devient tellement plus facile. Comme l'a souligné Gary, il y a une infime différence entre la colère et la puissance. Et si vous êtes prêts à être « point de vue intéressant », votre puissance augmente. Et vous ne pouvez pas être coincé dans l'implant distracteur de colère quand votre puissance augmente.

C'est pour cela que nous présentons « point de vue intéressant » et être dans le laisser-être au tout début d'Access Consciousness. Quand vous êtes dans le laisser-être, vous ne vous alignez et accordez avec rien et vous ne résistez ou réagissez à rien. Tout est juste un point de vue intéressant. Nous essayons d'amener les gens à un endroit où ils pourront ne plus être affectés par tout ce qui est un point de vue limité.

Participant : Donc, si on va à « point de vue intéressant », on ne s'aligne et on ne s'accorde même pas avec le positif ?

Gary : Exactement.

Participant : Merci.

Participant : Quand tu parles de m'aligner avec ma puissance, cela me rend triste. Je reconnaissais ma puissance, ce que j'aime vraiment, quelque chose que j'avais choisi ou créé et quelque chose qui était cool dans ma vie, et puis je l'ai immédiatement détruit après l'avoir reconnu.

Gary : Qu'y a-t-il de mal à détruire ?

Participant : Ce n'est pas fun — et j'aimerais changer ça.

Gary : Tu dois reconnaître ce pour quoi tu es doué et puis détruire tout ce qui crée cela comme une limitation. Si tu dis : « Oh, c'est merveilleux ! », tu finis par le créer comme une limitation de ce que tu peux avoir. Au lieu de dire « Oh c'est tellement merveilleux ! », dis « Oh, c'est tellement intéressant que j'aie cette capacité. Cool. Qu'est-ce que j'ai encore d'autre ? »

Dain : Il y a la tentation de rester au même endroit.

Gary : Attends une minute ! Je viens de capter quelque chose. Le fait d'*aimer* cela en fait un *faire* plutôt qu'un *être*. « J'aime tellement ça chez moi », c'est une conclusion. Si tu fais point de vue intéressant, tu demandes : « Et qu'y a-t-il encore à ma disposition ? » Cela va à la question au lieu de la conclusion de « J'aime ça chez moi. », ce qui en fait un faire.

Participant : J'ai juste dit : « C'est cool, quoi d'autre est possible ? » C'est pourquoi j'ai été perturbé quand la partie destruction est remontée.

Gary : Et si tu disais : « C'est cool. Je peux détruire ça aussi et quoi d'autre puis-je créer d'encore plus grand ? »

Participant : (Rires) Alors, je peux demander « Quoi d'autre puis-je créer qui serait fun aussi ? »

Gary : Oui. « Qu'est-ce qui serait encore plus grand et plus fun que ceci ? »

Dain : Ça doit être un mouvement constant vers l'avant qui découle d'être dans la question. Sinon, tu retombes dans le plus petit dénominateur commun de cette réalité, c'est-à-dire là où résident les implants distracteurs et tout ce qui est lourd et que tu n'aimes pas dans cette réalité.

On a tendance à penser « L'antidote à me détester pour toujours c'est d'aimer ça chez moi. » Non, ce n'est pas ça. Je connais des facilitateurs d'Access qui disaient ça. Ils disaient : « Ça continue à créer un piège dans mon monde. » J'ai réalisé que c'était parce qu'ils essayaient d'utiliser une polarité positive pour défaire la polarité négative à partir de laquelle ils fonctionnaient — ce qui est le point de vue de cette réalité.

La clé est d'aller de l'avant sans polarité. Pour cela, utilise :

- Point de vue intéressant que j'aie ce point de vue.
- Quoi d'autre puis-je créer qui soit encore plus grand que ceci ?

Gary : Oui, alors, tu peux avancer sans la polarité.

Participant : *Génial.*

Participant : *Je suis formateur et orateur et j'adore ce que je fais. Je n'ai jamais dû travailler beaucoup dans ma vie et il y a toujours eu une part de moi qui n'aime pas travailler. Je me demandais…*

Gary : Alors, pour quelqu'un qui *est* vraiment, *faire* c'est un jeu. Tu as bien capté ça. C'est comme ça que tu peux gagner de l'argent. Demande : « À quoi puis-je jouer maintenant qui me fera gagner de l'argent immédiatement ? »

Participant : *J'ai toujours eu l'impression qu'il y avait quelque chose qui m'éloignait de faire ou être ça.*

Gary : Remarque que tu as dit *faire*, c'est-à-dire l'implant distracteur. Chaque fois que tu vas dans le point de vue de *faire*, le reproche, la honte, le regret et la culpabilité sont là. Tu as honte du fait que tu n'aimes pas travailler. Tu blâmes le fait que tu doives travailler. Tu regrettes le fait que tu ne gagnes pas de l'argent correctement. Et tu as la culpabilité d'être toujours en train de lutter. Tout cela est lié au faire n'est-ce pas ?

Participant : Oui.

Gary : *Être* est la source de la création de faire un jeu de tout et quand tu commences à jouer avec tout, tu peux créer et générer constamment. *Être* est la source de la génération. *Être* est la source de la création. *Être*, quand on en fait un jeu, c'est choisir comment tu vas jouer aujourd'hui pour déterminer comment tu voudrais créer là, maintenant.

Participant : J'aimerais partager mon expérience de la semaine dernière. Avant, je me mettais souvent en colère contre mon mari. Je POC et PODais chaque fois la colère quand elle montait, et ça fonctionnait à merveille. Mais maintenant, c'est mon mari qui se met en colère ! Il est de plus en plus intense ; au point où cela en devient abusif. Je ne suis pas en colère maintenant, mais je m'enfuis quand il l'est. Qu'est-ce que ça veut dire ? Pourquoi se met-il en colère quand je ne me mets pas en colère ?

Gary : Il doit se mettre en colère pour essayer de te contrôler maintenant parce que l'ancien système ne fonctionne plus.

Dain : Il essaie de maintenir l'ancien système que tu viens de changer. Voici ce que tu peux faire : quand il se met en colère, POC et PODe toute la colère, la rage, la fureur et la haine, tout le reproche, la honte, le regret et la culpabilité et tous les implants distracteurs dans son monde.

Gary : Et fais cela en ton for intérieur.

Dain : Oui, pas tout haut, sinon il va te mettre son poing dans la figure.

Participant : C'est parfois si intense, que je m'enfuis. C'est trop pour mon confort.

Gary : Ne fuis pas. Reste là et baisse les barrières pour qu'il n'ait prise sur rien. Ne laisse pas l'énergie te toucher. Baisse les barrières et tire l'énergie à travers toi.

Dain : C'est ce que Gary a dû faire personnellement parce que son ex-femme était un monstre de colère. Il a eu l'information que la façon de gérer cela était de simplement rester là et de baisser toutes ses barrières à lui et de tirer l'énergie à fond à travers lui.

Avant qu'il ne fasse cela, elle écumait et hurlait sur lui pendant trois quarts d'heure avant de parvenir à casser les barrières de Gary et puis elle passait à autre chose en trois minutes. C'est quelque chose qu'il a personnellement vécu.

Gary : J'ai beaucoup d'expérience personnelle avec ça, et croyez-moi, ce n'est pas drôle du tout.

Participant : Est-ce que s'enfuir est une réaction à la place de la puissance ?

Gary : Oui, quand tu essaies de t'enfuir, c'est une réaction. C'est comme si tu essayais de créer une barrière qu'il ne puisse pas traverser. Ne crée pas de barrière, car c'est s'aligner et s'accorder avec la colère, ce qui réactive l'implant. Tu dois rester là, baisser les barrières et permettre à l'énergie de passer à travers toi. Si tu fais ça, cela fera retomber la vapeur en un clin d'œil ! Il finira par rire parce qu'il se sentira ridicule.

Participant : Merci beaucoup.

Gary : Avec plaisir. Dain, faisons encore ce processus.

Dain :

> Quelle actualisation physique de la maladie autodestructrice, intériorisante, autoflagellante, automutilante, autoamoindrissante de reproche, honte, regret et culpabilité ne reconnais-tu pas comme la source de l'élimination d'être en faveur du tort de toi et du besoin de faire ? Tout ceci, fois un dieulliard, vas-tu le détruire et le décréer totalement ? Right and Wrong, Good and Bad, POD and POC, All 9, Shorts, Boys and Beyonds.

Par rapport au besoin de faire, quelle part du « faire » que tu fais est une tentative de défaire ce sentiment envahissant, cette énergie de reproche, honte, regret et culpabilité que tu percevais en toi et autour de toi et que tu pensais être toute ta vie ?

Gary : Même si ça ne t'appartenait pas.

Dain :

> Tout ceci, fois un dieulliard, vas-tu le détruire et le décréer s'il te plaît ? Right and Wrong, Good and Bad, POD and POC, All 9, Shorts, Boys and Beyonds.

Participant : Ce week-end, j'avais loué un lieu pour une classe et des enfants qui étaient là ont causé quelques dégâts. L'organisation propriétaire du lieu a dit qu'elle ne voulait plus me louer ce lieu. Je suis allée à mon ancienne position par défaut, avec un nœud dans le ventre, avec un sentiment de culpabilité et de malaise en train d'essayer de trouver comment réparer la situation. J'ai reconnu ce que j'étais en train de faire et j'ai déblayé les implants distracteurs autour de cela. Et je me suis dit : « Waouh, toute cette puissance que je verrouille dans mon corps. »

Gary : Attends, juste un instant. Est-ce toi qui l'a verrouillé dans ton corps ou bien tu l'as verrouillé en dehors de ton corps ?

Participant : Je l'ai verrouillé en dehors de mon corps, absolument. Mais je ressens le verrouillage en dehors de mon corps comme dans mon corps. J'ai reconnu que quand j'étais prête à ne pas céder à la culpabilité, je pouvais manipuler la situation. Ce n'était peut-être pas très différent dans les mots, c'était encore « Je suis désolée. Que puis-je faire pour compenser les dégâts causés ? » et tout ça, mais il y avait un côté ludique et une légèreté. Je ne me suis pas donné tort. C'était une expérience tellement différente. Et mon corps ne s'est pas contracté comme il le faisait avant.

Gary : Excellent. C'est drôle, tu viens de répondre à la question que j'allais lire :

Participant : Comment utiliserais-tu le reproche, la honte, le regret et la culpabilité qu'on met sur toi, à ton avantage ?

Gary : Tu dirais : « Je suis désolée, je n'avais aucune idée que ça allait se passer comme ça. Qu'est-ce que je peux faire pour réparer les dommages causés ? Dites-moi s'il vous plaît. Je suis une horrible personne et je ferai tout ce qu'il faut pour y remédier ! » C'est un exemple d'utilisation de la situation à ton avantage, parce que la plupart des gens vont aller dans reproche, honte, regret et culpabilité.

Quand tu fais cela, c'est l'autre qui va aller dans la culpabilité. Il se dira : « Oh, en fait c'est quelqu'un de très gentil », ce qui est la culpabilité. Puis, il va aller dans le regret : « Je suis vraiment trop dur avec elle. » Il va passer de « Vous êtes une horrible personne et nous ne vous louerons plus jamais ce lieu » à « Vous êtes vraiment quelqu'un de très gentil et nous savons que vous ne l'avez pas fait exprès, alors nous allons retirer notre point de vue. »

Participant : C'est comme si j'étais consciente d'une fenêtre qui me permettra d'encore louer ce lieu à l'avenir. Je n'aurais probablement pas été consciente de cette fenêtre si j'étais allée dans la culpabilité.

Gary : Exactement et c'est pour ça qu'il est impératif de sortir de ceci, les gars.

Dain : Il n'y aurait pas eu de fenêtre si tu avais cédé à la culpabilité, parce que ton implant distracteur aurait joué l'autre partie de quelque chose avec lequel il s'alignait et s'accordait ou auquel il réagissait ou résistait. Tu aurais créé une impasse où ni l'un ni l'autre n'aurait été libre.

Vous auriez été coincés tous les deux par votre accord et alignement et votre résistance et réaction, comme les pôles d'un aimant. C'est un exemple de ce que les implants distracteurs créent. Et quand vous utilisez les outils qu'on vous donne ici, ainsi que les processus corporels, tout d'un coup, vous êtes différents. Tout ce qui vous provoquait auparavant n'est plus là. Vous cessez d'être l'effet de ces différents types de polarités.

Gary : Chaque fois que tu t'alignes et t'accordes avec un point de vue ou que tu résistes et réagis à un point de vue, tu te cadenasses. Si tu étais allée à la culpabilité en disant « Je ne peux pas croire que vous me fassiez ça, » il aurait pensé à toi pour toujours et tu aurais pensé à lui pour toujours. Et alors, où va ton énergie ? Au passé ? Au présent ? Au futur ? Ou dans un univers inexistant ? Elle irait dans un univers inexistant.

Participant : Gary, peux-tu parler un peu plus de verrouiller ça en dehors de mon corps ?

Gary : Quand tu as ces réactions, c'est la conscience sensorielle des implants distracteurs et de la façon dont cela t'affecte que ton corps tente de te donner. Si tu ne saisis pas que tu verrouilles la puissance en dehors de ton corps, tu n'as pas le choix et tu n'as pas l'action. Tu n'as que la réaction, et c'est exactement ce que les implants distracteurs sont censés créer. Ils sont conçus pour te mettre dans la réaction totale, et pas du tout dans l'action.

Participant : Es-tu en train de dire que notre corps nous dit quand quelque chose se passe à l'intérieur et que le corps nous conseille ou nous montre « Eh, c'est un implant distracteur qui t'affecte ! Regarde. »

Gary : Oui.

Participant : Donc, il faut y prêter attention, c'est ça ?

Dain : Vois-tu à quel point c'est génial ? Si tu ne retiens que ça de cet appel, si tu saisis vraiment que ton corps te dit quand quelque chose se passe, tu comprends que tu dois être un détective. C'est pour ça qu'avec Access Consciousness, tu apprends à poser des questions comme : « OK, que se passe-t-il ? »

Alors, tu peux dire : « Corps, merci de me faire savoir que ma tête est ensevelie sous un tas de merde. » Notre corps nous dit continuellement ce qui se passe. Ton corps te dit : « Je te fais savoir ce que tu crées avec ta vie ! Et toi, idiot, tu demandes tout le temps que ça change, mais tu ne m'écoutes jamais. Te voilà, idiot, à essayer d'agir comme si tu étais conscient. »

Je voudrais parler un instant au nom de ton corps. S'il te plaît, arrête d'essayer de donner tort à ton corps pour ce qu'il te montre, pour ce qu'il partage avec toi, et ce qu'il te dit sur ce qui se passe ! C'est comme si ton corps t'apportait un cadeau. Il t'apporte ce formidable cadeau des possibilités et tu agis comme si c'était un chat qui t'apportait un oiseau mort. Et si tu pouvais dire maintenant : « Eh, corps, merci pour tout ce que tu me dis. » ? Et si tu pouvais demander : « Quels outils puis-je utiliser ici pour changer ça et aller de l'avant ? »

Participant : Que puis-je faire pour me débarrasser du regret désespérant qui me met de mauvaise humeur que j'ai parce que j'ai mal géré l'argent et mes biens immobiliers par le passé ?

Gary : Arrête de regarder le passé. Reproche, honte, regret et culpabilité sont conçus pour te pousser à regarder le mal que tu as fait pour que tu retournes continuellement au tort de toi. Tu retournes constamment au tort de toi, de sorte que tu restes toujours dans le tort de toi.

Dain :

> Tout ceci et tous les systèmes séquentiels triplement rabattus qui le créent et tout ce qui maintient cela en place, vas-tu le détruire et le décréer s'il te plaît ? Right and Wrong, Good and Bad, POD and POC, All 9, Shorts, Boys and Beyonds.

Participant : Quand j'ai commencé à prendre conscience des implants distracteurs, je les ai vus venir de l'extérieur, comme si la société les utilisait contre nous. Par exemple, quand tu parles de sexualité, beaucoup de gens te font ressentir du regret et de la culpabilité de choisir quelqu'un du même sexe. Durant cet appel, il semble que tout le monde parle de quelque chose qui est en eux, mais je vois que tout le monde déclenche les choses de l'extérieur.

Gary : Les implants distracteurs sont conçus pour déclencher par l'extérieur pour que vous intériorisiez et voyiez en vous le tort de vous.

Dain : Si vous n'aviez rien qui puisse se déclencher à l'intérieur, rien ne pourrait être déclenché depuis l'extérieur.

Gary : Nous essayons d'éliminer le déclencheur. Access est un pontet. C'est la pièce métallique qui protège la détente d'une arme à feu, pour que tu n'appuies pas dessus.

Dain : Nous voulons éliminer tous vos gros boutons rouges qui disent « Appuyer ici pour me diminuer. »

Gary : « Appuyer ici pour me faire voir comme en tort. » Faisons encore le processus. On va y ajouter quelque chose.

> Quelle actualisation physique de la maladie autodestructrice, intériorisante, autoflagellante, automutilante, autoamoindrissante de reproche, honte, regret et culpabilité ne reconnais-tu pas comme la source de l'élimination d'être, la bande de Möbius du tort de toi et du besoin de faire ? Tout ceci, fois un dieulliard, vas-tu le détruire et le décréer totalement ? Right and Wrong, Good and Bad, POD and POC, All 9, Shorts, Boys and Beyonds.

Participant : Je ressens souvent de la culpabilité parce que je ne fais pas ce que je suis censé faire. Est-ce que c'est entièrement les implants distracteurs ? Est-ce entièrement cet élément de « faire » dont tu parlais plus tôt ?

Gary : Oui. Si tu focalises toujours sur ce que tu ne fais pas, tu dois ressentir que tu as tort, d'une façon ou d'une autre, parce que tu n'es pas tout le temps en train de *faire* Tu te focalises sur le *faire* ; tu ne t'autorises pas à être ce qui changerait cela.

Dain : Tu te focalises aussi sur le passé du ne pas faire. Tu te focalises sur le passé au lieu d'être présent et d'aller de l'avant.

Participant : Je ressens du regret de ne pas avoir été conscient des outils d'Access Consciousness quand j'élevais mes enfants. De quoi est-ce que je me distrais ?

Gary : Eh bien, pour commencer, tu te distrais du fait que tu es un être infini qui peut tout changer, y compris le passé. Commence par ceci : « Tout ce que j'ai été pour mes enfants hier, je détruis et je décrée tout cela totalement. » Si tu fais cela tous les jours, tes enfants oublieront tout ce que tu leur as fait que tu n'étais pas censé leur faire.

Dain :

Quelle actualisation physique de la maladie autodestructrice, intériorisante, autoflagellante, automutilante, autoamoindrissante de reproche, honte, regret et culpabilité ne reconnais-tu pas comme la source de l'élimination d'être, la bande de Möbius du tort de toi et du besoin de faire ? Tout ceci, fois un dieulliard, vas-tu le détruire et le décréer totalement ? Right and Wrong, Good and Bad, POD and POC, All 9, Shorts, Boys and Beyonds.

Participant : Pourrais-tu parler de comment, quand tu fonces dans un implant distracteur, tu es dans tous les implants ? Est-ce que c'est comme si tu avais un implant distracteur que tu achètes toujours comme ta Kryptonite, qui permet aux vingt-trois autres de se réactiver ? Comment ça fonctionne et comment peut-on changer ça ?

Gary : Si tu t'alignes et t'accordes avec ton point de vue sur la puissance, ou ton être, ou n'importe quoi d'autre, l'implant qui est le plus facilement touché chez toi est celui qui a été utilisé comme source principale pour l'implantation des implants distracteurs. C'est comme s'ils avaient pu tous exister grâce à cet implant en particulier. Il faut donc que tu sois prêt à reconnaître qu'il y a une possibilité différente.

Participant : Quand tu dis « celui qui a été utilisé comme la source principale », qu'est-ce que tu veux dire ?

Gary : Disons que la puissance est LA chose avec laquelle tu t'es accordé et aligné : à quel point tu es puissant.

Participant : Oui.

Gary : Donc, la chose que tu recherches, c'est la puissance. Ce qui veut dire que colère, rage, fureur et haine étaient les plus faciles à appliquer parce que ta puissance passait par la colère — la subtile différence entre la colère et la puissance. C'est donc celui-là qu'ils ont pu utiliser pour installer les autres implants distracteurs.

Participant : Waouh, alors, comment se concentrer sur la colère ? Je me concentrerais sur la colère. Que devrais-je…

Gary : Non, non, non. Tu essaies de trouver le problème et de le résoudre. N'essaie pas de résoudre le problème. Essaie d'être le créateur.

Participant : Comment ça serait ?

Gary : « Que puis-je créer au-delà de ceci auquel personne n'a même jamais pensé ? »

Dain : Et « Quelle actualisation physique de la réalité qui n'a jamais existé, suis-je maintenant capable de générer, créer et instituer ? »

Participant : Merci beaucoup.

Participant : Tu as dit « générer, créer et instituer ». Ce qui est remonté pour moi c'était « générer, créer et actualiser. » Quelle est la différence entre instituer et actualiser dans ce cas-ci ?

Gary : Quand tu génères et que tu crées, tu commences à actualiser. Si tu commences à actualiser et que tu institues cela chaque jour et que tu contribues à la plateforme, cela te donne un meilleur tremplin à partir duquel créer plus encore.

Si tu génères et crées, tu commences à actualiser ; tu commences à faire exister ce que tu demandes. Alors, tu dois instituer. Tu dois faire ce qui va l'expanser tous les jours. C'est la partie institution.

Participant : Donc, la génération et la création, c'est l'actualisation ?

Gary : C'est le début de l'actualisation. Il faut instituer cela tous les jours. C'est ce qui l'amène pleinement dans la réalité physique.

Participant : J'ai toujours le point de vue que la culpabilité touche à ce qu'on fait, mais que la honte touche à qui on est. Peux-tu parler de ça ?

Gary : Peu importe comment tu le définis. La honte touche à ce que tu fais. La honte, c'est l'idée que tu as fait quelque chose de mal, et c'est pour ça que tu ne devrais pas le faire, et c'est pour ça que tu devrais te juger d'être une si mauvaise personne. Tu pourrais définir cela comme qui tu es, mais ce n'est pas qui tu es en réalité. C'est ce que tu as fait et dont tu n'es pas fier.

J'ai un jour fait des régressions dans des vies passées et j'ai découvert que j'avais été mercenaire et que je tuais des gens pour de l'argent. Puis, il y a eu un événement dans une vie qui a fait que je me suis dit : « Je ne ferai plus jamais ça. C'est juste ingérable ! »

Ce n'était ni la honte, ni le regret, ni la culpabilité. C'était « Je ne ferai plus jamais ça. » L'idée de tuer ne m'est pas étrangère et ce n'est pas non plus quelque chose auquel je résisterais. Je tuerais quelqu'un si cela allait fonctionner, mais je déteste nettoyer derrière.

Participant : Disons que j'aie été nonne dans une autre vie. Est-ce qu'être une nonne ne serait pas plutôt qui tu es plutôt que ce que tu fais ?

Gary : Non, c'est ce que tu faisais dans cette vie-là pour prouver que tu étais une vraie personne religieuse.

Participant : OK, j'ai compris. La honte est tellement profondément active pour moi, et je me suis toujours décrite comme ayant une racine honteuse. Est-ce l'implant ou est-ce...

Gary : C'est l'implant. Là, maintenant, trouve quelque chose que tu es fière de faire. Saisis-en l'énergie et puis sens l'énergie de la honte fondamentale. C'est une vibration similaire, ce qui t'a permis d'être implantée avec la honte — parce que ta fierté en est le revers.

Participant : Donc, j'utilise la fierté pour combattre la honte ?

Gary : Oui. Tu as essayé d'être fière de ce que tu fais et de ce que tu es au lieu de demander : « Que puis-je faire d'autre que je n'ai pas encore considéré ? »

Dain : Ce qui ouvre d'autres options, autres que d'essayer d'être fier ou d'essayer de défaire la honte. Demande : « Quelle actualisation physique d'une réalité qui n'a jamais existé suis-je maintenant capable de générer, créer et instituer ? »

Je recommande fortement de mettre ce déblayage en boucle et de la faire tourner encore et encore, pendant au moins un an. Je l'utilise tout le temps et les choses changent à chaque fois que je le fais tourner parce que chaque instant est une occasion d'actualiser physiquement une réalité qui n'a jamais existé auparavant. Et c'est cela qui commence à s'ouvrir !

Les implants distracteurs te font croire que tu as le choix entre deux choses — et ce n'est pas vrai pour toi en tant qu'être. C'est ce que tu as permis d'être vrai en t'alignant et t'accordant avec ces choses encore et encore.

Gary : Faisons encore ce déblayage.

Dain :

> Quelle actualisation physique de la maladie autodestructrice, intériorisante, autoflagellante, automutilante, autoamoindrissante de reproche, honte, regret et culpabilité ne reconnais-tu pas comme la source de l'élimination d'être, la bande de Möbius du tort de toi et du besoin de faire ? Tout ceci, fois un dieulliard, vas-tu le détruire et le décréer totalement ? Right and Wrong, Good and Bad, POD and POC, All 9, Shorts, Boys and Beyonds.

Participant : Dans ma famille, mon père faisait la colère et ma mère la culpabilité et la honte (et c'est encore le cas). En tant qu'enfant conscient et rebelle, j'ai fait de la culpabilité et de la honte une situation déchirante. POC et PODer ne fonctionne pas. J'ai honte de moi, de qui je suis.

Gary : Tout d'abord, as-tu vraiment honte de toi ? Ou bien es-tu fier du fait que tu aies survécu à deux idiots ? Vous pourriez tous considérer le fait que vous avez survécu à ces idiots que vous appelez vos parents. De grâce, sachez que vous avez fait la honte et la culpabilité. Vous avez fait la colère. Vous avez fait ces choses comme si elles étaient un moyen d'avoir un sens de fierté de soi. Non, il s'agit d'être vous, pas de faire.

Vous avez survécu à des gens qui ont fait reproche, honte, regret et culpabilité. Vous avez survécu à tout cela. Non seulement vous avez survécu, mais vous êtes ressorti de l'autre côté. Vous êtes capables de regarder les choses d'une façon différente et de reconnaître « Je n'ai pas à être ces choses-là. » Ils ont fait ce qu'ils devaient faire pour que vous fassiez ce qu'ils pensaient que vous deviez faire qui vous rendrait meilleurs qu'eux. Et c'est ça l'histoire.

Tout ceci, fois un dieulliard, allez-vous le détruire et le décréer ? Right and Wrong, Good and Bad, POD and POC, All 9, Shorts, Boys and Beyonds.

Dain : Certains d'entre vous n'ont eu que deux idiots, bande de veinards. J'ai eu des tas d'idiots, mais aussi ma maman qui m'aime à mourir.

À un moment donné, je regardais ma situation avec mon père et ma belle-mère, deux humains d'envergure qui m'ont tous les deux balancé toutes sortes de choses bizarres. J'ai vu que je résistais à tout ce que je pouvais faire qui allait créer ma vie. Je ne pouvais pas être productif, je ne pouvais être ni créatif ni génératif.

Gary m'a dit : « Tu dois changer de perspective. » Il m'a demandé :

- Quel cadeau as-tu reçu en étant là ?
- Quelle grandeur as-tu que tu n'aurais pas eue autrement ?
- Quel point de vue différent as-tu sur le monde que tu n'aurais pas eu autrement ?
- Et que comprends-tu des gens et de leurs limitations, qui te permet maintenant de faciliter les autres, du fait que tu as vécu avec ces gens ?

Tu pourrais poser ces questions à propos de ton passé, de ton enfance et des gens avec qui tu as été. Tu n'aurais pas été avec ces gens pour simplement perpétuer les limitations. Tu as fait cela dans cette vie pour être un facilitateur de changement. Combien d'entre vous sont ici pour contribuer à changer le monde ?

Participants : Absolument !

Dain : C'est pour ça que vous l'avez fait.

Gary : C'est pour ça que tu as eu ces gens dans ta vie. C'est pour ça que ces gens ont fait ce qu'ils ont fait.

Dain : Tu as gagné quelque chose à travers ça. Alors, demande :

- Qu'est-ce que j'y ai gagné ?
- Que suis-je venu faire ici ?

Cela changera ta perspective sur ta réalité si tu es prêt à réaliser que tu as fait cela pour changer le monde.

Gary : Il y avait quelque chose dont tu voulais être totalement conscient de manière cognitive pour pouvoir aider les autres qui fonctionnaient à partir du même endroit.

Dain : Et à cause de ce que tu as, et es, et à cause de quelque chose qu'ils ont, et sont, tu savais qu'en mettant ces deux choses ensemble cela allait créer un résultat particulier que tu voulais créer. C'est ça que tu dois rechercher.

Participant : Dain, parles-tu non seulement des parents, mais aussi des situations abusives dans lesquelles je me suis mis ?

Dain : Oui.

Participant : Merci.

Gary : Tu fais ces situations abusives parce que tu penses que tu as besoin d'avoir reproche, honte, regret et culpabilité. Cela a été conditionné en toi depuis le tout début. Tu penses que tu dois t'aligner et t'accorder et que tu dois être en phase avec tout le monde. Que tu dois toujours marcher au pas. Et aucun d'entre vous ne sont de bons marcheurs. Vous ne marchez pour rien.

Participant : J'ai une malformation physique que j'ai masquée quand j'étais enfant. Je devais porter des vêtements spéciaux et c'est encore le cas aujourd'hui. Les gens faisaient des commentaires là-dessus quand j'étais enfant et c'est encore le cas aujourd'hui. Est-ce que je dois juste POC et PODer jusqu'à ce que ça n'ait plus d'effet ? Est-ce vraiment tout ?

Gary : Non, il s'agit plutôt de faire « point de vue intéressant » et « Qu'est-ce que j'ai créé avec ça que je ne reconnais pas qui me donne le pouvoir et la puissance que je ne revendique pas ? » Tu ne regardes jamais à partir de là. Tu pars du principe qu'il doit y avoir quelque chose de mal parce que tu n'es pas en phase avec tout le monde. C'est un peu « OK, et alors ? »

Je n'avais pas de difformité physique, mais j'étais mentalement difforme. Personne ne voyait ma difformité, mais je l'entendais chaque fois que j'ouvrais la bouche.

Participant : Est-ce que « difformité » n'est pas un jugement en soi, Gary ?

Gary : Oui, ça l'est.

Participant : Mais il y a des choses qui sortent de la norme et que les gens jugent comme une difformité.

Gary : Oui, je comprends. C'est la raison pour laquelle je dis que j'étais difforme par mon point de vue mental. Je n'étais pas dans l'univers ordinaire. Je ne rentrais pas dans le moule. Je ne marchais pas au pas avec tout le monde, ni vous d'ailleurs. Alors, qu'as-tu gagné à cela, que tu n'as pas reconnu ? Tu y as gagné quelque chose.

Beaucoup de gens veulent se sentir coupables et perclus de honte parce qu'ils n'ont pas de difformité physique et toi oui. Ils pensent qu'ils devraient faire des choses pour toi. Pourquoi n'utilises-tu pas cela à ton avantage ? Tu peux demander : « Comment puis-je utiliser ces gens ? » Tu peux dire : « Eh, tu peux me donner de l'argent, parce que je suis difforme ! » Tu peux faire toutes sortes de choses avec ça.

Un gars en fauteuil roulant est venu me voir un jour et je me sentais terriblement mal qu'il soit en fauteuil roulant et moi pas. J'ai demandé : « Est-ce que je peux t'aider ? »

Il a dit : « Non merci, je m'occupe bien de moi-même. » C'était un point de vue différent et il fallait que je regarde d'un autre angle.

Nous allions déjeuner. Il a descendu les marches à l'arrière de la maison en fauteuil roulant. Ces marches étaient vraiment très raides au point que j'ai failli trébucher en les descendant. Il les a descendues à la vitesse de l'éclair, en faisant basculer le fauteuil roulant pour s'élancer.

Il m'a dit : « Rattrape-moi si tu peux ! »

J'ai répondu : « Ce n'est pas juste ! Tu as des roues. Tu vas plus vite que moi ! »

J'ai compris qu'il ne considérait pas son état comme une difformité. Il voyait son état comme une différence et cela lui donnait des occasions de l'utiliser à son avantage. Vous devez regarder où vous pouvez utiliser votre « difformité. » Votre « difformité » est peut-être votre race, votre couleur ou votre foi ; cela pourrait faire partie de reproche, honte, regret et culpabilité ; cela pourrait être une difformité mentale ou physique. Pour tout cela demandez : « Comment utiliser ceci pour créer quelque chose de plus grand ? » Et vous pouvez utiliser les implants distracteurs pour que les gens fassent tout pour vous.

Participant : J'ai une question par rapport aux gens qui traversent la vie dans un demi-sommeil. Je ne suis pas prêt à valider la réalité de quelqu'un si c'est un mensonge.

Gary : Si tu n'es pas prêt à valider la réalité de quelqu'un, c'est méchant.

Participant : Alors, quelle est ta suggestion ?

Gary : Reconnais sa réalité. C'est un point de vue intéressant. Tu ne voudrais pas vivre comme cela, mais c'est son choix. Quand tu ne veux pas valider la réalité de quelqu'un, c'est comme si tu te mettais en garde et disais « Viens te battre, connard ! »

Participant : Comment avoir une discussion avec quelqu'un qui est investi dans ses drames et mélodrames ? Que dis-tu ?

Gary : Tu dis « Si j'avais ta vie, il y a des chances que je me tuerais. »

Participant : Peux-tu donner un autre exemple s'il te plaît ?

Gary : Tu dis : « Si je devais gérer tout ce que tu as à gérer, je pense que je deviendrais fou. Comment fais-tu ? Comment t'en sors-tu ? Ça doit être terriblement dur pour toi. » Ou bien tu peux dire : « Oh, ohhhh oooohhhh ! Oh, mon Dieu ! Ooooh ! »

Si tu ne valides pas la réalité de quelqu'un telle qu'elle est pour lui, il ne pourra pas la changer. Tu ne t'alignes pas ou ne t'accordes pas avec elle et tu n'y résistes ni réagis pas non plus. Tu la laisses simplement être et tu te dis : « Waouh. » Si tu y résistes et réagis parce que tu ne veux pas valider sa réalité, tu fais de la méchanceté. Cela le coince encore plus dans sa réalité. Cela ne lui permet pas d'aller là où il pourrait la changer.

Participant : Merci.

Participant : Le mois dernier, j'ai passé en revue les documents financiers de mon père et les miens. Je ne sais pas si j'avais du chagrin ou si je regrettais ne pas avoir connu mon père. Alors que je passais mes documents et vieux agendas en revue, je suis allé à un endroit où je me validais moi et l'espace à partir duquel je fonctionnais. Et puis, j'ai eu du chagrin parce que jusque là, je n'avais pas conscience de comment j'avais fonctionné toute ma vie. Je ne sais pas si c'est du chagrin ou du regret.

Gary : C'est juste insensé.

Participant : (Rires) Je fais ça bien.

Gary : Quand tu dis « J'ai fonctionné comme ça toute ma vie », est-ce que c'est une question ? Est-ce que c'est une question ? Ou est-ce que c'est une conclusion ?

Participant : Je pense que c'est une prise de conscience de comment j'ai changé et où je suis maintenant par rapport à où j'étais avant.

Gary : OK, alors, tu dois reconnaître : « Waouh, c'était intéressant de vivre à partir de cet endroit » Et puis demande : « Qu'est-ce que je choisis aujourd'hui ? » Demande ça pour pouvoir aller dans la question.

Si tu vas au chagrin, tu pleures la vie que tu as perdue, et dont tu pensais qu'elle avait une certaine valeur pour toi. Reconnais cette vie, ne la valide pas. Valider, ça veut dire que tu dois la justifier d'une façon ou d'une autre. Regarde à tout cela et demande : « Est-ce que c'était fun ? Quelles parties étaient fun ? » Reconnais ce qui était fun, reconnais ce qui était bien — et va de l'avant.

Aujourd'hui, je parlais à Dain de mon mariage dans les années 80. Je lui ai raconté ce que je portais au dîner de répétition. Dain a dit : « Waouh, tu te souviens de ça avec tant de détails ! Est-ce que c'est parce que c'était une expérience tellement affreuse ? »

Je lui ai dit : « Non, c'était fun. »

En réalité, il y a eu de nombreux moments fun durant mon mariage. Il y a eu plein de choses auxquelles j'ai pris plaisir et que j'ai adorées. Est-ce que je pouvais vivre avec cette femme ? Non. Mais je ne la déteste pas et je ne la vois pas comme un problème, ni que ce que nous avions était horrible. Je vois cela pour ce que c'était. Il y avait des aspects formidables et des aspects horribles. Rien n'est jamais tout blanc ni tout noir.

Et c'est un autre aspect des implants distracteurs : ils sont tous conçus pour nous placer dans la justesse ou le tort de tout, dans un monde en blanc et noir.

Dain : La justesse du tort de nous et de tout ce que nous choisissons et de tout ce que nous faisons.

Participant : Quel type de question est-ce que je pourrais poser quand je suis dans cet espace ?

Gary : Eh bien, tu viens de le reconnaître. Tu viens de le dire : « J'étais dans cet espace. » Étais-tu dans l'espace du présent ? Ou bien étais-tu dans l'espace du passé ?

Participant : J'étais résolument dans le passé.

Gary : Si tu recherches dans le passé une validation de ta vie, tu vas créer ce même passé dans ton futur. Cela ne fonctionnera pas ! C'est là que tu dois avoir de la clarté et changer les choses.

Dain : Demande :

> Quelle actualisation physique de la réalité qui n'a jamais existé par rapport à cette situation ou par rapport à mon père, ou par rapport à ma famille (ou tout ce que tu veux mettre ici) suis-je maintenant capable de générer, créer et instituer ? Tout ce qui ne permet pas cela, fois un dieulliard, vas-tu le détruire et le décréer totalement ? Right and Wrong, Good and Bad, POD and POC, All 9, Shorts, Boys and Beyonds.

Tu commenceras alors à avoir des options. Et écoute cet appel encore et encore.

Participant : Après le dernier appel, j'ai été pris dans des énergies de colère. J'ai cru t'entendre dire que la colère était attachée à la joie.

Gary : Non, j'ai dit que la colère masquait la joie. J'ai dit qu'en dessous de la colère il y avait la joie que tu pourrais avoir que tu ne laisses pas se présenter dans ta vie, et c'est pour cela que la joie manque tellement dans cette réalité. La colère est conçue pour la cacher. Tu ne peux pas relâcher la joie. Tu dois embrasser la joie et relâcher la colère. La colère cache la joie.

Participant : J'ai des problèmes avec mon corps qui se sent mal. J'ai l'impression que c'est lié à ceci.

Gary :

> Combien de reproche, honte, regret et culpabilité as-tu verrouillé dans ton corps pour qu'il se sente super mal ? Tout ceci, fois un dieulliard, vas-tu le détruire et le décréer totalement ? Right and Wrong, Good and Bad, POD and POC, All 9, Shorts, Boys and Beyonds.

> Et combien de prises de conscience ton corps essaie-t-il de te donner sur ce qui te rend malade — et toi, tu continues à rendre le reproche, la honte, le regret et la culpabilité plus réels que la conscience ? Doux corps. Tout ceci, fois un dieulliard, vas-tu le détruire et le décréer totalement ? Right and Wrong, Good and Bad, POD and POC, All 9, Shorts, Boys and Beyonds.

Participant : Gary, quelle est la meilleure contribution que je puisse être pour une amie qui va au tribunal demain ?

Gary : Vas-y et pense « vérité » avant chaque question posée à tous les témoins contre elle.

Dain : Déploie ta magie de sorte que le juge puisse vraiment voir ce qui se passe réellement et sur lequel l'autre partie est parvenue à mentir jusqu'à présent.

Participant : Gary et Dain, je voudrais juste vous dire un énorme merci.

Gary : Merci à tous d'être là. J'espère que vous avec appris des choses et que cela vous aidera dynamiquement.

CHAPITRE TROIS
Les points de vue addictifs, compulsifs, obsessionnels et pervertis

Gary : Bonjour tout le monde. Bienvenue à notre troisième appel sur les implants distracteurs. Aujourd'hui, nous allons parler des points de vue addictifs, compulsifs, obsessionnels et pervertis.

L'*addiction*, c'est l'idée que tu ne peux pas changer quelque chose. La *compulsion*, c'est la nécessité de faire quelque chose. L'*obsession*, c'est là où tu dois réfléchir à quelque chose et le comprendre pour savoir quoi en faire. C'est là où tu veux comprendre, pour que ce soit juste, pour que tu puisses essayer de ne pas faire ce qui est mal et qui t'obsède. Et puis, il y a les *points de vue pervertis*. Dans cette réalité, la perversion principale, c'est être humanoïde et ne pas voir le monde comme tout le monde. C'est le point de vue perverti ultime.

> Le point de vue perverti ultime, c'est de voir la vie avec un sentiment de joie et pas un sentiment de jugement. Tout ce que tu n'es pas prêt à percevoir, savoir, être et recevoir à propos de tout ceci, vas-tu le détruire et le décréer totalement ? Right and Wrong, Good and Bad, POD and POC, All 9, Shorts, Boys and Beyonds.

La nécessité

Le point essentiel de tout ceci, c'est cette chose que tu as et que tu appelles la nécessité. Et chaque fois qu'il y a la nécessité de faire, ou d'être ou d'accomplir quelque chose, tu vas dans l'implant distracteur des réalités addictives, compulsives et obsessionnelles.

Dain : Quand tu définis quelque chose comme une nécessité, tu crois que tu n'as pas le choix de ne pas le faire, parce que c'est une nécessité. Ou, si c'est une nécessité de ne pas le faire, alors tu n'as pas le choix de le faire. Tu ne reconnais pas que tu as le choix. Tu vas aux points de vue addictifs, obsessionnels et compulsifs, qui font aussi remonter le ressentiment, la colère, la rage, la fureur et la haine. C'est ce que tu as décidé qui est une nécessité, que tu crois que tu ne choisirais pas — que tu dois choisir parce que c'est une telle nécessité — qui active ces implants distracteurs.

Gary :

> Combien de nécessités as-tu qui créent ce que tu appellerais l'addiction de ta vie ? Tout ceci, fois un dieulliard, vas-tu le détruire et le décréer totalement ? Right and Wrong, Good and Bad, POD and POC, All 9, Shorts, Boys and Beyonds.
>
> Et combien de nécessités as-tu qui créent les parties compulsives de ta vie ? Vas-tu les détruire et décréer toutes ? Right and Wrong, Good and Bad, POD and POC, All 9, Shorts, Boys and Beyonds.
>
> Combien de nécessités as-tu pour te rendre obsessionnel ? La nécessité ultime est d'être obsessionnel. Je dois faire ceci, je n'ai pas le choix de le faire, je dois le faire ! Tout ceci, fois un dieulliard, vas-tu le détruire et le décréer totalement ? Right and Wrong, Good and Bad, POD and POC, All 9, Shorts, Boys and Beyonds.

Participant : J'ai beaucoup pratiqué de processus corporels depuis le dernier appel et mon corps a besoin de moins de sommeil. Mais je me bats avec les points de vue fixes que j'ai besoin de plus de sommeil. Peux-tu parler des choses qui sont une nécessité d'une façon ou d'une autre, puis qui changent pour devenir autre chose ?

Gary : Ce sont nos points de vue qui créent les nécessités. Rien n'est réellement une nécessité. Tout est un choix. Mais nous fonctionnons le plus souvent possible comme s'il n'y avait pas de choix.

Nous avons appris à faire cela avec le temps. Par exemple, les gens vous disent que c'est une nécessité de manger trois repas « carrés »* par jour. Et bien, qu'est-ce qu'un repas « carré » ? Est-ce un morceau de blé filamenté ? Est-ce une pomme mal coupée ? Qu'est-ce qu'un vrai repas ? Par pitié ! C'est complètement dingue ce qu'on fait avec ça.

Dain : C'est comme un Big Mac — c'est emballé dans une boîte carrée !

Gary : Tu dois avoir un vrai repas ! Ce sont tous ces endroits où nous gobons la nécessité en achetant les points de vue des autres plutôt qu'en étant conscient. Là, maintenant, tes points de vue addictifs, compulsifs et obsessionnels portent principalement sur le tort de toi. Ce sont toutes les façons dont tu te convaincs que tu es en tort et toutes les façons dont tu considères que tu dois certainement être en tort.

> Combien de nécessités d'être en tort utilises-tu pour créer ce point de vue addictif, compulsif et obsessionnel continu du tort de toi ? Tout ceci, vas-tu le détruire et le décréer totalement ? Right and Wrong, Good and Bad, POD and POC, All 9, Shorts, Boys and Beyonds.

Participant : Tu m'as grillé le cerveau avec le mot addictif. J'ai le point de vue qu'addictif signifie être en manque ou être dans le besoin. Qu'as-tu dit qu'était l'addiction ?

Gary : L'addiction, c'est là où tu penses que tu n'as pas d'autre choix que de faire quelque chose. Quelqu'un qui boit de l'alcool dans un état d'addiction pense qu'il n'a pas vraiment de choix. Il pense qu'il ne peut faire qu'un seul choix ; celui de boire. Il ne voit pas d'autre possibilité.

Beaucoup de gens sont accros au jugement et ils pensent que c'est une nécessité d'avoir un jugement ; leur jugement prouve qui ils sont. Ce sont toutes les façons dont tu regardes le monde à partir de l'addiction au tort, au jugement, à la méchanceté et à tout le reste.

---

* NdT En anglais, « un vrai repas » se dit « a square meal », soit « un repas carré », d'où les jeux de mots qui suivent.

La perversion ultime, c'est la conscience

Quand tu regardes vraiment les choses, tu vois que la perversion ultime, c'est la conscience. Tu réalises que tous les implants distracteurs se préparent à te tenir à distance de la conscience. C'est la perversion ultime de cette réalité, c'est de fonctionner à partir de la conscience totale. Cette réalité, en elle-même et par elle-même, est ce que nous avons décidé qui est *censé être* et pas ce qui *est* réellement.

Quand tu fais les points de vue addictifs, compulsifs et obsessionnels, tu défends une partie de cette réalité. Partout où tu penses ne pas avoir le choix, ce sont les endroits où tu défends cette réalité telle qu'elle est.

> Combien de tes propres points de vue addictifs, compulsifs et obsessionnels sont-ils basés sur ton besoin de défendre ou sauver cette réalité ? Tout ceci, fois un dieulliard, vas-tu le détruire et le décréer totalement ? Right and Wrong, Good and Bad, POD and POC, All 9, Shorts, Boys and Beyonds.

Participant : C'est exactement là où je suis allée ! Je suis allée à défendre ou réparer l'addiction. C'est complètement dingue ça, non ?

Gary : Non, c'est juste comme ça que sont les choses ici. C'est la façon dont tu es censé faire les choses. Tu es censé défendre cette réalité. Chaque implant distracteur est conçu pour t'éloigner de la conscience totale, d'être totalement, et de t'amener à éliminer tout sauf tout ce que cette réalité t'a refourgué comme vrai, juste et réel.

Alors, essayons ceci :

> Quelle actualisation physique de la maladie de l'addiction, de la compulsion et de l'obsession à défendre et sauver cette réalité ne reconnais-tu pas comme l'élimination et l'éradication de la perversion qu'est la conscience totale ? Tout ceci, fois un dieulliard, vas-tu le détruire et le décréer totalement ? Right and Wrong, Good and Bad, POD and POC, All 9, Shorts, Boys and Beyonds.

Participant : Gary, peux-tu expliquer ce qu'est la perversion qu'est la conscience totale ? À quoi cela ressemble-t-il ?

Gary : La conscience totale est la perversion de cette réalité. Dans cette réalité, on n'est pas censé avoir la conscience, et donc, la conscience totale est la perversion totale. C'est ce que tu n'es jamais censé choisir.

Dain : C'est la différence qu'on n'est pas censé être, ce qui est un autre aspect de ce qui est perverti ici. La différence que tu n'es pas censé être est le soi-disant tort, qui, si tu étais prêt à l'être, créerait la justesse de toi dans ton propre point de vue. Le non-jugement du tort de toi pour la conscience que tu as vraiment.

Participant : Tu viens de me griller le cerveau avec ça.

Gary : Pour résumer, dans cette réalité, tu es censé recevoir tout à partir du point de vue que c'est bien ou mal, bon ou mauvais, blanc ou noir. Tu n'es pas censé en avoir la conscience. Tu es censé aller à la conclusion, au jugement, à la décision et au calcul. C'est ainsi que tu es censé vivre. Tu es censé vivre à partir du jugement de tout cela.

C'est vraiment important que vous commenciez à saisir comment cela fonctionne plutôt que d'essayer de vivre à partir du point de vue que cela doit devenir autre chose. Alors, faisons encore ceci :

> Quelle actualisation physique de la maladie de l'addiction, de la compulsion et de l'obsession à défendre et sauver cette réalité ne reconnais-tu pas comme l'élimination et l'éradication de la perversion qu'est la conscience totale ? Tout ceci, fois un dieulliard, vas-tu le détruire et le décréer totalement ? Right and Wrong, Good and Bad, POD and POC, All 9, Shorts, Boys and Beyonds.

Participant : Tu as déjà parlé de ce truc avec la nourriture, mais c'est vraiment un facteur agaçant dans ma vie.

Gary : Fais-tu la nourriture par nécessité ? Est-ce qu'il y a une nécessité de manger pour ton corps ? Quand il y a une nécessité de quelque chose, tu finis avec beaucoup de colère et tu bourres ton corps avec la colère.

> Combien de ce que tu manges par nécessité est cette colère ? Tout ceci, fois un dieulliard, vas-tu le détruire et le décréer totalement ? Right

and Wrong, Good and Bad, POD and POC, All 9, Shorts, Boys and Beyonds.

Beaucoup de gens vont à la nécessité des choses et puis se mettent en colère à ce sujet. Et quand ils font cela, ils créent souvent des maladies dans leur corps. D'autres créent de la lenteur dans leur tête. Certains créent l'incapacité à fonctionner dans un domaine ou un autre. Certains achètent que tout est bon tant que x, y, z arrive et rien de tout cela n'a de rapport avec la conscience. Dain, faisons encore ce processus.

Dain :

> Quelle actualisation physique de la maladie de l'addiction, de la compulsion et de l'obsession à défendre et sauver cette réalité ne reconnais-tu pas comme l'élimination et l'éradication de la perversion qu'est la conscience totale ? Tout ceci, fois un dieulliard, vas-tu le détruire et le décréer totalement ? Right and Wrong, Good and Bad, POD and POC, All 9, Shorts, Boys and Beyonds.

Combien d'entre vous savent qu'ils sont accros à défendre et sauver cette réalité ?

Gary : Combien manges-tu pour défendre et sauver cette réalité ? Ton corps a-t-il vraiment besoin de manger ? Ou bien est-ce aussi pour défendre cette réalité ? Tout le monde te dit que tu es censé manger. « Tu dois manger ! Tu vas mourir si tu ne manges pas ! » Ce sont toutes ces choses du genre. As-tu déjà demandé à ton corps ce qu'il voulait vraiment manger ? Quatre-vingt-dix pour cent du temps, le corps ne désire pas vraiment manger ; il ne mange que parce que tu l'y forces.

Dain :

> Et combien de ce que tu manges a pour but de nourrir la colère que tu as déjà verrouillée dans ton corps pour maintenir une énergie particulière ou une vibration particulière à laquelle tu es devenu accro ? Tout ceci, fois un dieulliard, vas-tu le détruire et le décréer totalement ? Right and Wrong, Good and Bad, POD and POC, All 9, Shorts, Boys and Beyonds.

Gary : OK, refaisons le processus.

Quelle actualisation physique de la maladie de l'addiction, de la compulsion et de l'obsession à défendre et sauver cette réalité ne reconnais-tu pas comme l'élimination et l'éradication de la perversion qu'est la conscience totale ? Tout ceci, fois un dieulliard, vas-tu le détruire et le décréer totalement ? Right and Wrong, Good and Bad, POD and POC, All 9, Shorts, Boys and Beyonds.

Participant : Est-ce que je me considère comme une perversion ?

Gary : Tu es une perversion si tu as ne fût-ce qu'une vague conscience.

Participant : Oui. C'est un tort. C'est un jugement.

Gary : Tu es censé être dans le jugement. Tu es censé vivre selon les règles de cette réalité. Le problème est que personne ne te donne les règles. On te dit simplement que tu es censé vivre selon les règles.

Participant : C'est comme une roue, Gary. Si j'ai une fraction de conscience, je vais à la perversion, qui va alors au jugement et qui élimine ma conscience.

Gary : Oh, oh, oh, oh, non, de quoi parles-tu ?

Participant : Je parle de m'embarquer dans la roue du jugement.

Gary : Ce n'est pas la roue du jugement qui est la perversion. C'est la conscience qui est la perversion.

Participant : Dès l'instant où je me considère comme une perversion, je vais au jugement, parce que je considère la perversion comme un jugement.

Gary : La perversion n'est pas un jugement ; la perversion, c'est la conscience. Tu vas au jugement pour faire fonctionner les autres implants distracteurs pour toi, pour continuer à défendre cette réalité et vivre comme s'il y avait la nécessité de vivre selon les règles de cette réalité.

Participant : Génial. Je supposais que tout ce qui était une perversion était un tort.

La véritable perversion de cette réalité, c'est la conscience

Gary : Je comprends ça. Mais tout ça, c'est comment on fait les choses ici. La véritable perversion, c'est la conscience. C'est la perversion de cette réalité. Tu n'es pas censé être conscient dans cette réalité. Si tu veux vivre selon les règles de cette réalité et y être soumis, et si tu es prêt à défendre cette réalité et à défendre la nécessité comme une vérité, tu ne peux pas fonctionner en conscience et tu ne peux pas ne pas aller dans le jugement de toi.

Participant : Merci, Gary.

Participant : Tu parles en termes de « ils » pour ceux qui font les implants. Qui sont « ils », à part nos parents ou nos ancêtres ?

Gary : Cela s'est passé il y a probablement quatre trillions d'années. Alors, qui « ils » sont n'a pas vraiment d'importance. Ce qui compte, c'est que tu dois t'y aligner ou t'y accorder ou y résister et réagir pour que ça se passe. Nous en sommes donc responsables à ce niveau-là. Nous choisissons de nous y aligner ou accorder ou d'y résister et réagir, et c'est ce qui permet à cela de se passer.

Dain : C'est comme ça pour tout. Plutôt que de demander « Qu'est-ce que c'est ? D'où est-ce que ça vient ? Qui nous a fait ça ? » tu dois en arriver au point où tu te demandes « OK, qu'est-ce que je choisis ici ? »

Gary : Il n'y a pas de « pourquoi » dans la conscience*. Si tu vas au « pourquoi ? », tu sors de la conscience. Dès l'instant où tu vas au « pourquoi ? », tu as perdu la conscience et tu ne la retrouveras jamais. Ne va pas au « pourquoi ? ». Si tu le fais, tu iras au tort de toi et tu obstrueras tout ça.

Dain : Voici quelque chose que tu peux faire qui t'aidera dans tous les domaines de ta vie : chaque fois que tu dis « Oh, ceci s'est passé », stop. POC

**NdT En anglais, le mot « awareness » (conscience) ne contient pas la lettre « y », or cette lettre se prononce « why », comme le mot « pourquoi ». Gary dit donc en anglais : « Il n'y a pas de 'y' (pourquoi) dans la conscience ».*

et PODe ça et demande-toi : « Que puis-je créer ? » En d'autres termes, au lieu de « Ceci s'est passé », va à « J'ai créé ceci. » Si tu zappes le « Ceci s'est passé » et que tu vas à « J'ai créé ceci », tu réaliseras très rapidement « Waouh, je crée tout ce qui se présente ! D'une façon ou d'une autre, j'y contribue aussi ! »

Ceci t'amène à un autre endroit où tu commences à être de plus en plus la perversion qu'est la conscience, c'est-à-dire la conscience que tu crées réellement la réalité. La réalité ne t'arrive pas.

Participant : Depuis une semaine environ, j'ai remarqué que je me suis beaucoup amusé. J'ai pris plaisir à mon travail et aux autres choses que je fais. Mon business de massage a décollé et je me sens plus prospère. J'ai eu l'idée que ce serait chouette de commencer une chorale. L'énergie là-dessus était vraiment cool. Plus tard dans la journée, j'ai parlé à quelqu'un et dès que j'ai mentionné la chorale, la conversation s'est complètement tordue. La personne disait : « Waouh, n'est-ce pas un point de vue perverti ? » comme si ce qui allait t'apporter beaucoup de joie était pervers. C'était tellement tordu !

Gary : La joie, le bonheur et la conscience sont une perversion de cette réalité.

Dain : L'abondance, l'aisance, la possibilité, le non-jugement et ne pas avoir de problème sont autant de perversions de cette réalité. Elles viennent à nous à partir de la conscience. La conscience est la façon dont tu as et es toutes ces choses. C'est le moyen qui te permet de les choisir.

Gary : Ce qui est tordu, c'est ce que tu dois faire pour pouvoir avoir tort, pour pouvoir aller à ces points de vue addictifs, compulsifs et obsessionnels. C'est pour garantir que tu te présenteras toujours comme moins que toi. Faisons encore ce processus :

> Quelle actualisation physique de la maladie de l'addiction, de la compulsion et de l'obsession à défendre et sauver cette réalité ne reconnais-tu pas comme l'élimination et l'éradication de la perversion qu'est la conscience totale ? Tout ceci, fois un dieulliard, vas-tu le détruire et le décréer totalement ? Right and Wrong, Good and Bad,

POD and POC, All 9, Shorts, Boys and Beyonds.

Participant : Pour ma part, je pense que les points de vue addictifs, compulsifs et obsessionnels sont principalement liés aux relations et je bascule entre ça et la perversion.

Gary : Les gars, vous prenez un domaine de votre vie et vous dites des choses comme « dans ce domaine, c'est là que c'est comme ça. » Mais ce n'est pas le cas. Vous faites ça dans tous les aspects de votre vie. Par exemple, combien de fois par jour vous jugez-vous ? Est-ce que c'est addictif, compulsif et obsessionnel ? Oui. Sans arrêt !

Donc, ce n'est pas juste dans les relations. C'est simplement plus évident dans les relations parce que l'autre tente désespérément de vous aimer et pour vous assurer que ce ne sera pas le cas, il faut toujours que vous trouviez obsessionnellement et compulsivement quelque chose qui cloche chez vous ou chez l'autre. C'est pas cool ça ? Et nous savons tous qu'avoir une relation est une nécessité, n'est-ce pas ?

Tout ceci, fois un dieulliard, allez-vous le détruire et le décréer totalement, s'il vous plaît ? Right and Wrong, Good and Bad, POD and POC, All 9, Shorts, Boys and Beyonds.

Nécessité ou choix

Il faut que vous vous demandiez sans cesse « Est-ce que je fais ceci par nécessité ou par choix ? » Une fois que vous savez clairement si vous faites quelque chose par nécessité ou par choix, vous pouvez changer ces domaines de manière dynamique.

Participant : Quand je facilite des gens, je vois clairement ce qui est obsessionnel, compulsif chez eux, et les choses obsessionnelles et compulsives dont on ne parle jamais. Par exemple, la plupart des gens ne veulent pas reconnaître qu'ils critiquent constamment leur corps ou qu'ils ferment obsessionnellement à clé leur maison encore et encore ou font d'autres choses typiquement obsessionnelles et compulsives.

Gary : Ils ne s'en rendent pas compte.

Participant : Ils ne s'en rendent pas compte. C'est exactement ça. Que pourrait-on ajouter pour commencer à ouvrir cette conscience pour eux ? Ou bien est-ce possible s'ils ne le veulent tout simplement pas ?

Gary : S'ils ne le veulent pas, tu ne peux rien y faire. Tu dois attendre qu'on te pose une question. Mais tu dois aussi comprendre que la nécessité de ne jamais parler des choses, la nécessité de garder des secrets, la nécessité de garder les choses privées, la nécessité de garder les choses cachées, les renvoie inévitablement à la maladie du distracteur.

> Tout ceci, fois un dieulliard, vas-tu le détruire et le décréer totalement ? Right and Wrong, Good and Bad, POD and POC, All 9, Shorts, Boys and Beyonds.

Il ne s'agit pas de faire « pas de nécessité », ou la « dé-nécessité » ou la « non-nécessité » comme un rejet. Ça, c'est le refus de quelque chose ; ce n'est pas nécessairement choisir.

> Combien de pas de nécessités, dé-nécessités et non-nécessités as-tu qui te maintiennent dans ta réalité addictive, compulsive et obsessionnelle personnelle ? Tout ceci, fois un dieulliard, vas-tu le détruire et le décréer totalement ? Right and Wrong, Good and Bad, POD and POC, All 9, Shorts, Boys and Beyonds.

Participant : Gary, c'est presque comme si c'était la structure qui maintenait toutes les limitations en place.

Gary : Pas *presque*, ça l'*est*. Ça l'est totalement. Remarquez que nous avons tous un endroit où notre réalité cesse. C'est comme si être l'implant distracteur était plus réel que d'avoir notre propre réalité et d'être vraiment actif.

Dain : Regardez autour de vous. Combien de personnes dans le monde sont piégées par ces implants distracteurs ? À quel point accordent-ils ou non de la valeur à la conscience ?

Les gens pensent que s'ils ont les yeux ouverts, ils sont conscients — et ça, c'est même encore plus conscient que ce qu'ils veulent bien être. Ils ne cherchent pas plus. Et il y a tellement de ce qui a été perpétré comme de la conscience sur cette planète qui n'est pas de la conscience. C'est un mensonge que c'est de la conscience ; c'est une conclusion et une réponse. C'était soi-disant quelque chose de meilleur que ce qu'il y avait avant.

Si vous réalisez que dans cette réalité on valorise plus le fait de fonctionner à partir des implants distracteurs et à partir des points de vue des autres, vous commencerez à reconnaître où certains aspects de ceci ont été prédéterminés pour vous comme la nécessité de la réalité que vous devez choisir. Tout ce que vous choisissez de différent est une perversion.

Participant : Pourrais-tu définir pour moi ce qu'est une perversion s'il te plaît ?

Gary : La perversion, c'est ne pas acheter cette réalité.

Dain :

> Quelle actualisation physique de la maladie de l'addiction, de la compulsion et de l'obsession à défendre et sauver cette réalité ne reconnais-tu pas comme l'élimination et l'éradication de la perversion qu'est la conscience totale ? Tout ceci, fois un dieulliard, vas-tu le détruire et le décréer totalement ? Right and Wrong, Good and Bad, POD and POC, All 9, Shorts, Boys and Beyonds.

Participant : C'est fascinant. Cela veut dire que c'est une nécessité d'avoir une famille et d'avoir des enfants et on appelle ça une joie. Waouh !

Gary : Avoir des enfants, c'est fun parfois et souvent pas fun. Ce n'est pas toujours tout rose ni totalement merveilleux, génial et fantastique. Plutôt que d'en faire une nécessité, si tu étais conscient, tu aurais conscience de ce que tu aurais avec une famille et des enfants et cela te donnerait un endroit où tu pourrais choisir.

Une fois encore, la perversion ultime, c'est la conscience totale. On t'a donné le mensonge que la perversion c'est tout ce qui est mauvais. Et la plus mauvaise chose sur la planète Terre, c'est la conscience. Et c'est LA chose que tout le monde essaie d'éviter. Peut-on faire le processus à nouveau ?

Dain :

> Quelle actualisation physique de la maladie de l'addiction, de la compulsion et de l'obsession à défendre et sauver cette réalité ne reconnais-tu pas comme l'élimination et l'éradication de la perversion qu'est la conscience totale ? Tout ceci, fois un dieulliard, vas-tu le détruire et le décréer totalement ? Right and Wrong, Good and Bad, POD and POC, All 9, Shorts, Boys and Beyonds.

Participant : Le mot résistance remonte tout le temps quand on parle de la perversion. Est-ce qu'on est en résistance quelque part quand on essaie de défaire cette réalité ?

Gary : Non, tu es dans la défense. Si tu luttes contre elle, ou si tu veux la réparer, ou la choisir, tu la défends ou tu essaies de la sauver. Si tu essaies d'aller à son encontre, tu te bats durement pour la sauver, parce que tu ne te bats que contre ce que tu veux vraiment avoir.

Participant : Donc, si on essaie de créer un changement dans cette réalité, c'est qu'on y résiste encore ?

Gary : Oui. Et tu préfères faire ça que d'avoir la conscience totale de ce qui serait différent qui pourrait être plus et plus grand que ce que nous avons actuellement. Tu dois être prête à employer cette réalité pour qu'elle prenne soin de toi et qu'elle soit à ton service plutôt que d'en devenir l'employée et travailler vraiment durement pour faire fonctionner cette réalité.

Partout où tu es à court d'argent, partout où ta vie n'est pas abondante, partout où tu tentes désespérément de réparer une relation, ou partout où tu tentes de défaire quelque chose qui est là depuis ta naissance — ou tes huit ans, peu importe — toutes ces choses sont liées à l'idée que tu dois d'une façon ou d'une autre réparer ou défendre la réalité que tu as actuellement, et pas que tu peux en choisir une différente, une qui proviendrait de ta capacité à reconnaître que tu es effectivement conscient.

Participant : Donc, l'idée n'est pas de parler de ceci comme d'une façon différente de changer son monde, mais comme d'une conscience différente qu'on peut avoir.

Gary : C'est une conscience que tu peux avoir, et si tu peux avoir cette conscience, quel genre de réalité peux-tu créer et générer qui n'a encore jamais existé ?

Participant : Je suis coupable d'avoir partagé cette information avec des gens parce que je veux changer le monde.

Gary : Eh bien, c'est notre cas à tous. Nous pensons que nous devons changer le monde plutôt que de créer un monde fonctionne vraiment. Si vous regardiez autour de vous et que vous voyiez le tout petit peu qui fonctionne sur la planète Terre, essaieriez-vous de le changer ? Essaieriez-vous de le réparer ? Ou bien seriez-vous prêts à créer quelque chose qui n'a jamais existé ?

Participant : Je pense que le problème pour moi n'est pas que j'aie toujours cru que cette réalité était réelle, ou que je doive tout faire comme les autres, ou que je doive adopter leur point de vue. Le problème était comment créer un changement dans lequel tout le monde serait prêt à vivre ?

Gary : Tu viens de le redire. Tu as demandé « Comment créer un changement ? » Il ne s'agit pas de créer un changement ; il s'agit de créer une différence.

Participant : Fais-tu cela en restant en toi et en maintenant ce en quoi tu crois ?

Gary : Tu ne peux pas faire ça. La conscience inclut tout et ne juge rien. Si tu essaies de changer les choses et que tu essaies de rester en toi, tu essaies de te retirer de cette réalité, ce qui revient à défendre la justesse du fait que c'est un tort et que tu as tort.

Participant : Il va falloir que je réfléchisse à ça.

Gary : C'est différent de ce que tu penses. Tu essaies depuis toujours de changer cette réalité. Y es-tu parvenu ?

Participant : Non.

Gary : Non. Essayer de changer se fonde sur l'idée que c'est bien. Il y a bien des années, quand je travaillais dans le garnissage, les gens venaient me voir en me demandant « Je voudrais que vous arrangiez ce divan. » Le divan avait des accoudoirs vraiment très droits. Les gens me disaient « Je voudrais que vous fassiez des accoudoirs molletonnés ».

Je répondais « Vous ne pouvez pas transformer des accoudoirs droits en accoudoirs molletonnés. » Et ils répondaient : « Oui, mais je veux un divan différent ! »

Je répondais : « Votre divan n'est pas fait pour avoir des accoudoirs molletonnés, donc vous ne pouvez pas avoir d'accoudoirs molletonnés. »

« Je sais, mais je veux des accoudoirs molletonnés ! »

« Eh bien alors, allez acheter un autre divan. »

« Mais je voudrais regarnir celui-ci. »

« Mais vous ne pouvez pas le regarnir pour lui donner le look et la sensation que vous demandez. »

« Eh bien alors, je vais acheter un nouveau divan. »

« Oui, c'est ce que je vous ai dit de faire. »

Tu essaies de regarnir un monde qui ne fonctionne pas.

> Tout ceci, fois un dieulliard, vas-tu le détruire et le décréer totalement ? Right and Wrong, Good and Bad, POD and POC, All 9, Shorts, Boys and Beyonds.

Si changer le monde est une nécessité pour toi, as-tu le choix ? Ou est-ce que tu dois-tu toujours juger si tu le changes ou pas ? Tu dois juger. Tu ne peux pas véritablement avoir le choix tant qu'il y a une nécessité de le changer ou de le rendre meilleur, ou d'être capable d'y survivre, ou toute autre chose qui est une nécessité et qui ne te donne pas le choix.

Ce que tu dois rechercher, c'est cet endroit perverti où tu as le choix total et la conscience totale. Mais tu pars du principe que la perversion est mauvaise, que c'est mal. La définition de la perversion, c'est ce qui ne cadre pas avec la réalité normale des autres.

> Tout ceci, fois un dieulliard, vas-tu le détruire et le décréer totalement ? Right and Wrong, Good and Bad, POD and POC, All 9, Shorts, Boys and Beyonds.

Participant : Donc la perversion, c'est aisance, joie et gloire ?

Gary : Oui.

Participant : Je suis assez bien arrivé à la perversion dans certains endroits, mais j'ai supposé que je n'y arrivais pas ou que je ne faisais pas les choses comme il faut, et que je devrais faire plus d'efforts.

Gary : Qu'est-ce qui t'a fait décider que tu n'étais pas dans le bon ?

Participant : Les autres ne vivent pas comme moi. Ils ne pensent pas comme moi. Je n'ai jamais voulu avoir d'enfants ; je n'ai jamais voulu me marier. Je n'ai jamais voulu avoir tout ça. Je n'étais en résistance à rien ; c'était simplement des choix. Je ne voulais tout simplement pas ces choses.

Gary : OK.

Participant : Mais les jugements à propos de ces choses n'en viennent pas moins à moi et je me retrouve en train de vouloir ces choses et aspirer à ces choses...

Gary : Tant que tu penses que quelqu'un a un jugement de toi ou de tes choix, tu es perplexe et tu as perdu. C'est la partie addictive, compulsive et obsessionnelle de ceci. C'est là où tu commences systématiquement à te voir comme une offense jugeable.

Tu dois être prêt à avoir une réalité différente, dans laquelle tu réponds au jugement par « OK, merci pour ton jugement » ou « Oh mon dieu, tu me juges, mais merci pour ton jugement. »

Tout ceci, fois un dieulliard, vas-tu le détruire et le décréer totalement ? Right and Wrong, Good and Bad, POD and POC, All 9, Shorts, Boys and Beyonds.

Si tu peux être à cet endroit, alors tu es vraiment perverti…

Participant : (Rires) Désolée, je dois rire.

Dain : Bien.

Gary : C'est un petit rire diabolique !

Participant : C'est génial !

Gary : Tu remarques comment ça te rend plus joyeuse ?

Participant : C'est un soulagement de ne pas avoir à me réparer.

Gary : Quand tu es constamment dans un état où tu essaies d'arranger les choses, tu essaies de défendre cette réalité. Que ce soit toi, cette réalité, ou n'importe quoi d'autre, tu dois aller à un endroit où tu reconnais « Oh, j'ai un choix différent de ce que la plupart des gens ont ! Je choisis différemment d'eux ! » Ce n'est pas « J'ai raison » ou « J'ai tort. » C'est « Je suis juste différent. » Être différent, c'est perverti dans cette réalité. Tout ce qui ne correspond pas au mode de fonctionnement établi est perverti.

Participant : Est-ce qu'il y a autant de résistance à essayer de faire de la perversion un succès qu'à essayer d'arranger les choses ? Est-ce que cette perversion a une utilité ?

Gary : Tu n'as pas utilisé la perversion pour créer du succès parce que tu ne t'es pas demandé « Est-ce que ceci est une nécessité pour moi ? Ou est-ce un choix ? Est-ce que je fais ce que je fais par choix ? » Tant que tu as une nécessité par rapport à quelque chose, tu ne choisis pas. Tu es piloté par quelque chose d'extérieur à toi.

Dain : Si tu dis que c'est une nécessité de prouver que tu as du succès à partir de cet autre point de vue, ou que c'est une nécessité de prouver que tu as tout bon, tu ne fonctionnes pas à partir de l'aisance du choix de cela.

Mais si c'est juste un choix et une prise de conscience : « Je vis des choses différentes des autres », alors tu as la liberté de permettre à ton choix de contribuer à ta vie et tu n'es pas limité par cela.

Participant : C'est plutôt la dernière chose que tu as dite, mais je vais certainement passer tout ça attentivement en revue.

Dain : Mets une affiche « En cours de révision attentive et en construction » sur la porte de ta chambre à coucher.

Participant : (Rires) C'est cool.

Dain :

> Quelle actualisation physique de la maladie de l'addiction, de la compulsion et de l'obsession à défendre et sauver cette réalité ne reconnais-tu pas comme l'élimination et l'éradication de la perversion qu'est la conscience totale ? Tout ceci, fois un dieulliard, vas-tu le détruire et le décréer totalement ? Right and Wrong, Good and Bad, POD and POC, All 9, Shorts, Boys and Beyonds.

Souviens-toi, quand nous avons parlé de la colère, de la rage, de la fureur et de la haine, nous avons dit que la colère et la puissance étaient intimement reliées. Un petit changement ou une torsion se fait quand tu t'alignes et t'accorde avec quelque chose. Il y a une énergie de base qui est vraie pour toi en tant qu'être. Puis, tu t'alignes et t'accordes avec cela et c'est là que ça devient tordu.

L'énergie de la différence que tu es est différente de cette réalité. Quand tu t'alignes ou tu t'accordes, quand tu résistes et réagis, cela permet à l'implant distracteur d'être implanté et explanté.[9] Sans l'alignement et

---

[9] *Les implants sont des choses qu'on t'a faites à toi et à ton corps dans une vie ou une autre. Les explants sont des choses qui t'ont été faites en dehors de ton corps, dans les corps éthériques autour du corps physique. Ils ont une action sur le corps, mais ils ne sont pas dedans.*

l'accord ou la résistance et la réaction, l'implant n'existerait pas. Sans la nécessité de rendre quoi que ce soit bon ou mauvais, rien de tout ceci ne pourrait exister de la même façon.

Gary :

Quelle actualisation physique de la maladie de l'addiction, de la compulsion et de l'obsession à défendre et sauver cette réalité ne reconnais-tu pas comme l'élimination et l'éradication de la perversion qu'est la conscience totale ? Tout ceci, fois un dieulliard, vas-tu le détruire et le décréer totalement ? Right and Wrong, Good and Bad, POD and POC, All 9, Shorts, Boys and Beyonds.

Participant : Dain, est-ce que tu viens de dire que quand je m'aligne et m'accorde, j'ouvre la porte aux implants distracteurs qui n'ont plus qu'à s'y précipiter ? C'est bien ça ?

Gary : Oui, c'est correct. Peu importe que tu t'alignes ou t'accordes, résistes ou réagisses. Les quatre te sortent du choix et te placent dans la nécessité. As-tu déjà remarqué que quand tu as une conscience de quelque chose et que tu essaies d'en parler à quelqu'un, on te répond « Oh, tu te trompes » ou « Oh tu es fou ! » ? L'autre ne peut voir ce que tu vois.

Dain : Cela arrive aussi quand quelqu'un te demande de lui dire quand il a un comportement qu'il dit ne pas vouloir avoir. Si tu dis, « Tu te rappelles que tu m'as demandé de te dire quand tu agissais d'une façon que tu ne voulais pas ? Eh bien, tu le fais là. » Si la personne n'est pas prête à l'entendre, elle se met en colère.

Gary : Et les gens ne sont jamais prêts à l'entendre, alors ne crois jamais les gens qui te disent « Dis-moi quand je fais ça alors que je ne devrais pas. » N'en tiens pas compte, parce qu'ils mentent.

Dain : Si tu leur dis qu'ils mentent, ils ne te croiront jamais. Mais le fait est qu'ils mentent. Ils ne veulent pas vraiment savoir tout ça ; ils le disent, c'est tout.

Gary : Alors, Dr Dain, faisons encore ce processus.

Dain :

Quelle actualisation physique de la maladie de l'addiction, de la compulsion et de l'obsession à défendre et sauver cette réalité ne reconnais-tu pas comme l'élimination et l'éradication de la perversion qu'est la conscience totale ? Tout ceci, fois un dieulliard, vas-tu le détruire et le décréer totalement ? Right and Wrong, Good and Bad, POD and POC, All 9, Shorts, Boys and Beyonds.

Gary : On dirait que nous avançons. Est-ce possible ?

Dain : Oui, c'est possible.

Gary : Cool.

Alors, quelle nécessité utilises-tu pour créer la maladie dans ton corps ? Tout ceci, fois un dieulliard, vas-tu le détruire et le décréer totalement ? Right and Wrong, Good and Bad, POD and POC, All 9, Shorts, Boys and Beyonds.

Quelle nécessité utilises-tu et quelle défense de cette réalité choisis-tu pour créer les problèmes que tu as dans ton couple ? Tout ceci, fois un dieulliard, vas-tu le détruire et le décréer totalement ? Right and Wrong, Good and Bad, POD and POC, All 9, Shorts, Boys and Beyonds.

Quelle actualisation physique de la maladie mortelle et fatale de la nécessité ne reconnais-tu pas comme la source supérieure de création de l'univers de non-choix que tu crois qui crée ta réalité ? Tout ceci, fois un dieulliard, vas-tu le détruire et le décréer totalement ? Right and Wrong, Good and Bad, POD and POC, All 9, Shorts, Boys and Beyonds.

Dain :

Quelle actualisation physique de la maladie mortelle et fatale de la nécessité ne reconnais-tu pas comme la source supérieure de création de l'univers de non-choix que tu crois qui crée ta réalité ? Tout ceci, fois un dieulliard, vas-tu le détruire et le décréer totalement ? Right and Wrong, Good and Bad, POD and POC, All 9, Shorts, Boys and Beyonds.

Participant : Je saisis maintenant pourquoi tu y mets le mot addictif. D'une certaine façon, je savais que la perversion était la conscience totale et maintenant, c'est tellement plus clair. Je voulais juste te remercier. Cela donne une perspective tellement différente d'entendre que la perversion est la conscience totale ! Merci beaucoup à tous les deux !

Gary : Avec plaisir.

Quelle actualisation physique de la maladie mortelle et fatale de la nécessité ne reconnais-tu pas comme la source supérieure de création de l'univers de non-choix que tu crois qui crée ta réalité ? Tout ceci, fois un dieulliard, vas-tu le détruire et le décréer totalement ? Right and Wrong, Good and Bad, POD and POC, All 9, Shorts, Boys and Beyonds.

LA SOURCE ULTIME

Remarquez que j'ai dit « la source supérieure », parce que la source ultime devrait être vous. Vous pensez qu'il y a une source qui est supérieure à vous et qui a fait que vous avez une réalité de non-choix. Ce n'est pas le cas ! C'est vous qui êtes aux commandes !

Tout ceci, fois un dieulliard, vas-tu le détruire et le décréer totalement ? Right and Wrong, Good and Bad, POD and POC, All 9, Shorts, Boys and Beyonds.

Quelle actualisation physique de la maladie mortelle et fatale de la nécessité ne reconnais-tu pas comme la source supérieure de création de l'univers de non-choix que tu crois qui crée ta réalité ? Tout ceci, fois un dieulliard, vas-tu le détruire et le décréer totalement ? Right and Wrong, Good and Bad, POD and POC, All 9, Shorts, Boys and Beyonds.

Participant : Ce qui est remonté pour moi, c'est que l'univers de non-choix est ma réalité.

Gary : Oui, parce que tu penses qu'il y a quelque chose au-delà de toi. Tu penses qu'il y a quelque chose au-dessus de toi, qui est plus grand que toi. Cela te met dans un endroit où tu n'as pas le choix. Pour toi, le non-choix est plus réel que le choix.

Et si tu as le point de vue du non-choix, chaque fois que tu décides que tu n'as pas le choix, tu élimines la capacité à changer tout ce que tu voudrais changer. Le changement cesse dès l'instant où tu as l'univers de non-choix.

Participant : *Merci.*

Gary : Tu as la capacité de changer tout ce que tu veux.

> Quelle actualisation physique de la maladie mortelle et fatale de la nécessité ne reconnais-tu pas comme la source supérieure de création de l'univers de non-choix que tu crois qui crée ta réalité ? Tout ceci, fois un dieulliard, vas-tu le détruire et le décréer totalement ? Right and Wrong, Good and Bad, POD and POC, All 9, Shorts, Boys and Beyonds.

Gary : Je vais changer légèrement la formulation :

> Quelle actualisation physique de la maladie mortelle et fatale de la nécessité ne reconnais-tu pas comme la source supérieure de création de l'univers de non-choix que tu crois qui crée et domine ta réalité ? Tout ceci, fois un dieulliard, vas-tu le détruire et le décréer totalement ? Right and Wrong, Good and Bad, POD and POC, All 9, Shorts, Boys and Beyonds.

Oh, super ! Ça a empiré les choses.

Participants : *(Rires)*

Gary :

> Quelle actualisation physique de la maladie mortelle et fatale de la nécessité ne reconnais-tu pas comme la source supérieure de création de l'univers de non-choix que tu crois qui crée et domine ta réalité ? Tout

ceci, fois un dieulliard, vas-tu le détruire et le décréer totalement ? Right and Wrong, Good and Bad, POD and POC, All 9, Shorts, Boys and Beyonds.

Participant : Waouh, le « source supérieure » vient de me propulser dans tous les grands mystères.

Gary : Oui, parce que, en tant qu'être infini, si tu avais la conscience véritable, est-ce que tu aurais des mystères ?

Participant : Apparemment pas.

Gary : Non, nous faisons plein de trucs pour créer l'idée qu'il y a une source supérieure qui nous contrôle. C'est ainsi que l'on crée la destinée et le karma et tous ces machins-là.

Participant : C'est aussi comme ça qu'on gère notre corps. Cela paraît être un mystère pour beaucoup d'entre nous — comment on gère notre corps, ce que l'on fait avec lui, ce qu'il est capable de faire et comment il peut guérir.

Gary : Oui, c'est une perversion de vraiment comprendre ton corps.

Participant : Que tu puisses ou que tu ne puisses pas ?

Gary : Si tu le comprends, c'est une perversion. Alors, tu essaies de ne pas le comprendre pour pouvoir croire qu'il y a une source supérieure qui te contrôle. Est-ce que c'est fun ça ?

Dain : Parce que si tu ne peux même pas contrôler cette chose fondamentale appelée ton corps et lui faire pousser trois bras et quatre jambes et tout ce que tu devrais être capable de faire, tu crois que tu n'as presque pas de puissance et presqu'aucune capacité à créer le changement et à choisir. C'est ainsi que tu imposes constamment l'univers de non-choix.

Gary : Et tu as des points de vue addictifs, compulsifs et obsessionnels que d'une façon ou d'une autre, tu n'as pas de contrôle connu sur ton corps, que tu n'es pas le créateur de ton corps et qu'en fait tu n'as pas la capacité de le changer.

Participant : Ah ! Ça me fait comme un coup de poing !

Gary : Désolé !

Participant : Merci.

Gary : Ce n'est pas mon point de vue. Nous avons fait toutes les classes corps pour donner aux gens plus de conscience de leur corps. La classe Corps avancée comporte de nouveaux trucs qui commencent à avoir des effets dynamiques. Si ça continue comme ça, ce sera tout simplement miraculeux. Alors, croisez les doigts pour que nous ayons enfin le dessus dans ce domaine d'insanité et que nous puissions créer du changement là aussi.

> Tout ceci, fois un dieulliard, vas-tu le détruire et le décréer totalement ? Right and Wrong, Good and Bad, POD and POC, All 9, Shorts, Boys and Beyonds.

Dain :

> Quelle actualisation physique de la maladie mortelle et fatale de la nécessité ne reconnais-tu pas comme la source supérieure de création de l'univers de non-choix que tu crois qui crée et domine ta réalité ? Tout ceci, fois un dieulliard, vas-tu le détruire et le décréer totalement ? Right and Wrong, Good and Bad, POD and POC, All 9, Shorts, Boys and Beyonds.

Participant : Ce serait tout ça. Nous sommes l'actualisation physique de tout cela.

Gary : Oui et plus encore — et nous n'avons pas encore été ça. Nous avons fonctionné jusqu'à présent selon les règles de cette réalité. Nous avons défendu cette réalité et nous avons été les sauveurs de cette réalité en essayant de réparer ce qui ne fonctionne pas plutôt que de créer quelque chose qui fonctionne.

Participant : J'adore ça. Quel soulagement ! Tu n'imagines pas.

Gary : Ah si, je m'imagine bien ! Ça a été un soulagement pour moi aussi de réaliser ça.

Participant : Je regardais juste la nécessité d'avoir une vie privée et j'étais conscient que pour choisir de conserver les choses privées, j'essaie d'éviter le jugement. Et du coup, je pense que le jugement est une source plus puissante et plus grande que moi ?

Gary : Oui, c'est pas cool ça ?

Participant : Ça mijote vraiment.

Gary : Oui, c'est le jugement comme source supérieure.

Dain : Ma question est : « Est-ce que ça fonctionne bien ? »

Participant : Non.

Gary : C'est ce qui est drôle là-dedans — on fait tous ces trucs et ça ne fonctionne pas, et on continue à les faire comme si ça allait marcher. Sommes-nous les créatures les plus stupides de la planète ou quoi ?

Participant : Pouvons-nous POC et PODer plus de jugements encore ?

Gary :

> Tout ceci, fois un dieulliard, vas-tu le détruire et le décréer totalement ? Right and Wrong, Good and Bad, POD and POC, All 9, Shorts, Boys and Beyonds.

Participant : Merci.

Gary : Faisons encore le processus, Dr Dain !

Dain :

> Quelle actualisation physique de la maladie mortelle et fatale de la nécessité ne reconnais-tu pas comme la source supérieure de création de l'univers de non-choix que tu crois qui crée et domine ta réalité ? Tout ceci, fois un dieulliard, vas-tu le détruire et le décréer totalement ? Right and Wrong, Good and Bad, POD and POC, All 9, Shorts, Boys and Beyonds.

Gary : Il y a plusieurs aspects importants ici :

1. L'addictif, le compulsif et l'obsessionnel n'arrivent que quand tu poses quelque chose en nécessité. Tu dois créer une nécessité de quelque chose pour que cette chose devienne addictive, compulsive ou obsessionnelle.

2. Ou bien tu dois rendre les choses 'pas nécessaires', 'dé-nécessaires' ou 'non nécessaires' pour qu'il y ait des choses addictives, compulsives ou obsessionnelles.

3. La véritable perversion dans la vie, c'est le bonheur, l'unité et la conscience. C'est la perversion de cette réalité. Rien d'autre n'est aussi perverti que la véritable et totale conscience.

Si tu veux vraiment dépasser tout ça, tu dois choisir la conscience totale. C'est la conscience totale qui te permettra de dépasser tous les implants distracteurs. Mais tant que tu ne fais pas la conscience totale, ces implants distracteurs peuvent te contrôler absolument complètement. Il faut que tu saisisses que si c'est une nécessité et pas un choix, ce n'est pas de la conscience.

Dain : Tu obtiendras beaucoup de liberté si en plus d'écouter ces déblayages encore et encore durant les prochaines semaines, chaque fois que tu te surprends à être en tort, ou à résister à quelque chose ou à en vouloir à quelque chose, tu demandes : « Combien de nécessités est-ce que j'ai qui créent ceci ? » Et puis détruis et décrée-les toutes. Et POC et PODe-les.

À mesure que tu sors de la nécessité, tu seras aussi de moins en moins susceptible d'être limité, détruit et plaqué au sol par les implants distracteurs. Ils ne pourront plus avoir le même effet sur toi qu'avant parce que tu fonctionneras à partir du choix.

Gary : Une dame qui faisait ce truc de nécessité a découvert qu'elle pouvait aller instantanément dans la colère parce qu'elle avait la nécessité de se sentir puissante. Quand elle a dépassé la nécessité de se mettre en colère et qu'elle commencé à demander « Quel est mon choix ici ? », la colère se dissipait instantanément.

Elle essayait de fonctionner à partir d'un endroit où elle avait un sentiment de pouvoir, et c'est devenu un endroit où elle avait son pouvoir et sa puissance. Au lieu de réagir à tout (c'est ce que les implants distracteurs sont censés nous faire – nous faire réagir au lieu d'agir), elle a commencé à agir. Cela a créé des changements énormes pour elle, avec elle et son corps, avec toutes les personnes à qui elle parlait et toutes les personnes avec qui elle interagissait.

Donc, ce n'est pas un gros truc. C'est tout le truc.

Nécessité ou choix ?

Tu créeras une réalité totalement différente si tu commences à fonctionner à partir de la question : « Est-ce que ceci est une nécessité ou un choix ? » Fais simplement tout ce que tu fais à partir de l'espace où tu demandes si c'est une nécessité ou un choix. Est-ce une nécessité pour toi de manger des œufs et du lard au petit déjeuner ? Ou est-ce simplement un choix ? Est-ce une nécessité pour toi de boire du café pour être éveillé ? Ou est-ce juste un choix ?

Dain : Est-ce une nécessité de manger cru pour que tu penses que tu vis sainement ? Ou est-ce un choix ?

Gary : Est-ce une nécessité de manger correctement pour créer ton corps ? Ou est-ce un choix ?

Dain : Je prenais mon petit déjeuner ce matin avec un gars qui travaille avec nous, qui organise des interviews et d'autres choses du genre quand je suis en Australie. Il a regardé ce qu'il y avait sur la table du petit déjeuner et il a dit « Tu es sur le point d'avoir une interview avec un magazine santé masculin et ce que tu as ici est exactement ce qu'ils ont besoin de voir. »

Je lui ai demandé « Qu'est-ce que tu veux dire ? »

Il m'a répondu « Comme tu manges, ce que tu as sur la table et que tu vas manger — ce n'est pas du tout comme ça que c'est censé être. »

Je lui ai dit « Quoi ? Tu veux dire mes Chocapic avec du granola dedans ? Mes œufs au ketchup ? Mon bacon ? Le fromage avec de la viande dessus ? Le pain avec la confiture ? Qu'est-ce que tu veux dire ? Ce n'est pas comme ça qu'on crée un corps sain ? »

Tout ce qu'on a décidé être une nécessité nous empêche d'avoir des choix différents.

Gary : Et il y a beaucoup de choses que nous achetons des autres comme une nécessité. Par exemple, c'est une nécessité de mettre des vêtements. Eh bien, ce n'est pas une nécessité, ça pourrait être un choix. S'il fait froid dehors, ce pourrait être un choix intéressant de porter quelque chose de plus chaud — mais tu dois te demander si tu le fais par nécessité ou par choix.

Pourquoi fais-tu ce que tu fais — dans tous les aspects de ta vie ?

Est-ce une nécessité de ne pas avoir assez d'argent ? Ou est-ce un choix de ne pas avoir assez d'argent ? Demande « Est-ce que je fais ceci par nécessité ou par choix ici ? Quelle est la nécessité à partir de laquelle je fonctionne qui m'empêche d'avoir tout l'argent que j'aimerais avoir ? Est-ce que c'est un choix de ne pas avoir d'argent ? Waouh, je ne me rendais pas compte. »

Il faut que vous soyez prêts à avoir la conscience de la nécessité ou du choix. De grâce, travaillez à ceci dans les semaines qui viennent parce que cela va créer des changements formidables pour vous, si vous voulez bien les avoir.

Y a-t-il des questions ?

Participant : On a à peine parlé de l'addiction, ce qui est intéressant parce que c'est un tel problème. Qu'est-ce qui fait que l'addiction est un tel problème ?

Gary : Ce que tu as décidé. L'addiction n'est pas un gros problème. L'addiction, c'est la réaction à tout comme si c'était plus important que ta conscience. L'addiction, c'est la façon dont tu élimines la conscience.

Chaque addiction que tu as créée pour créer une élimination de la conscience, vas-tu les détruire et les décréer toutes ? Right and Wrong, Good and Bad, POD and POC, All 9, Shorts, Boys and Beyonds.

Participant : Je voudrais encore poser une question sur le sommeil. Plutôt que de dire « Il faut que j'aie tant d'heures de sommeil pour créer mon corps et ne pas me sentir fatiguée », est-ce que je devrais demander à mon corps « Corps, as-tu besoin de dormir ? Si oui, combien de temps ? »

Gary : Non, je ne poserais pas cette question. Je demanderais « Est-ce que c'est une nécessité de dormir aussi longtemps, ou est-ce que c'est un choix ? » C'est très simple.

Dain et moi avons découvert la semaine dernière qu'on se réveillait le matin à une heure où il n'y a pas beaucoup de monde avec qui interagir et c'est l'heure où nous sommes les plus créatifs et génératifs. Nous avons tendance à penser qu'être génératif et créatif c'est se lever et faire quelque chose plutôt que d'utiliser cette énergie générative et créative pour créer un changement dans un aspect de notre vie, de notre business, de notre réalité, de notre corps, que nous n'avons pas demandé.

Dès l'instant où tu te réveilles, demande :

- Ai-je fini de dormir ?
- Qu'est-ce qui se passe ?
- Est-ce mon heure générative et créative ?
- Quelles énergies génératives et créatives ai-je à ma disposition maintenant et comment puis-je les utiliser pour expanser ma vie ? »

C'est ce que nous faisons. Nous nous réveillons, nous nous levons et nous utilisons les énergies génératives et créatives à notre disposition pour expanser les différents domaines de notre vie qui ne fonctionnent pas exactement comme nous l'aimerions.

Participant : Merci Gary.

Gary : Avec plaisir.

Participant : Y a-t-il une différence entre nécessaire et la nécessité ?

Gary : Pas vraiment.

Participant : OK, donc c'est la même chose ?

Gary : Est-ce que c'est nécessaire pour moi d'aller chercher les enfants à l'école ? Si c'était mon choix, je laisserais ces petites pestes là-bas…

Participants : (Rires)

Gary : Nous faisons une nécessité d'aller les chercher parce que nous ne voulons pas être vus comme de mauvais parents.

Participant : Est-ce qu'il y a quelque chose entre la nécessité et le choix ? Si tu n'es ni dans la nécessité ni le choix, où es-tu ?

Gary : Tu es dans une espèce de monde enchanté qui n'existe pas vraiment. C'est soit une nécessité, soit un choix ; ce sont les deux endroits à partir desquels on fonctionne pour l'instant. Il n'y a rien entre la conscience et la non-conscience et c'est ce que la nécessité crée.

Participant : J'ai une autre question concernant le sommeil. Si je ne dors pas autant que d'habitude plusieurs nuits d'affilée, je me sens un peu fatigué ou un peu à côté de la plaque dans mon corps. Est-ce que cette fatigue est une nécessité ou est-ce que je la choisis ?

Gary : Il y a probablement pour toi nécessité de dormir un certain nombre d'heures ou la nécessité de te sentir d'une certaine façon quand tu t'éveilles. Quand je me réveille fatigué, je demande : « Corps, es-tu vraiment fatigué ? »

Il dit « Non. »

Je demande « Alors, est-ce à quelqu'un d'autre ? » « Oui. »

« OK, cool ! » et c'est passé.

Quatre-vingt-dix-neuf pour cent du temps, tu ne demandes pas « Est-ce que c'est à moi ? » Tu supposes « Je suis fatigué ! » Et OK, tu pourrais être fatigué — mais tu ne dors pas – jamais. Il n'y a que ton corps qui dort. Alors, demande « Corps, es-tu fatigué ? » et généralement il dit « Non. »

La nécessité de dormir de longues heures nous a été imposée. On te dit quand tu es enfant que tu dois aller dormir sinon tu seras fatigué à l'école demain. C'est tous ces machins-là. Quand tu es petit enfant, tu n'es jamais fatigué… jusqu'à ce que tu sois fatigué et alors tu te couches et tu t'endors, tu es parti. Tu t'effondres et c'est tout. Les enfants ne se couchent pas pour essayer de dormir comme les adultes.

Cela s'applique à d'autres choses aussi. Dain a remarqué que l'idée des changements dans l'équilibre hormonal lui avait été imposée comme quelque chose qu'il était censé avoir à son âge, mais qui n'était pas vrai pour lui. Cela pourrait bien s'appliquer à l'un ou l'autre d'entre vous.

> Tout ceci, fois un dieulliard, vas-tu le détruire et le décréer totalement ? Right and Wrong, Good and Bad, POD and POC, All 9, Shorts, Boys and Beyonds.

Participant : Merci !

Gary : Avec plaisir. OK les gars, nous sommes au bout de notre temps. S'il vous plaît, pensez à tout cela, observez, et réécoutez cet appel, parce qu'il vous donnera beaucoup plus de clarté. Merci à vous tous d'avoir été là ce soir.

Dain : Merci à vous tous, merveilleuses personnes addict, compulsives, obsessionnelles et perverties.

CHAPITRE QUATRE
Amour, sexe, jalousie et paix

Gary : Bonjour tout le monde. Notre sujet du jour sont les implants distracteurs amour, sexe, jalousie et paix. En réalité rien de tout cela n'existe sur la planète Terre.

Amour

L'amour a quelque huit trillions de définitions, alors, quand tu dis « Je t'aime » à quelqu'un, il n'a en fait aucune idée de ce que tu veux dire. Il pense qu'il a une idée de ce que tu veux dire parce que de son point de vue, l'amour, ça veut dire x, y, z. Cela n'a rien avoir avec ton point de vue ou ta définition de l'amour.

Dain : Avec l'amour, ce ne sont pas juste les définitions que tu cherches dans le dictionnaire ; ce sont aussi toutes sortes d'activations qui font que quand tu entends ce mot dit par différentes personnes dans différents contextes, cela a différentes significations pour toi.

Quand tu dis « Je t'aime » à quelqu'un, tu remarques une contraction dans son monde — ou une contraction dans le tien — juste après l'avoir dit. Il y a une activation énergétique que ce mot en particulier tend à provoquer, ce qui crée toujours plus de limitations et pas plus de possibilités.

Gary : Si tu dis « Je t'aime » à tes enfants, est-ce la même chose que quand tu dis « Je t'aime » à ton amant ? Est-ce la même chose ou est-ce différent ? De quoi parles-tu en fait quand tu dis « Je t'aime » ? À partir de quoi fonctionnes-tu en fait ? C'est l'élément distracteur de cet implant. Il s'agit de créer de la confusion et jamais de créer de la clarté.

Tout ce que tu as fait pour créer l'amour comme l'implant distracteur de l'univers entier, qui t'empêche en fait d'avoir une quelconque conscience, vas-tu détruire et décréer tout cela ? Right and Wrong, Good and Bad, POD and POC, All 9, Shorts, Boys and Beyonds.

Dain : Nous avons tendance à créer l'amour comme quelque chose de tellement précieux qu'on préfère avoir l'amour et la confusion qui va avec que d'avoir la clarté et l'espace qui vient avec la conscience.

Gary : C'est le principe même des implants distracteurs. Ils sont conçus pour créer un endroit où tu n'as aucune idée de ce que tu demandes en réalité. Tu sais seulement que ce que tu demandes quelque chose qui ne devrait pas être exaucé.

Tout ce que tu as demandé et qui ne peut être exaucé , vas-tu le détruire et le décréer s'il te plaît ? Right and Wrong, Good and Bad, POD and POC, All 9, Shorts, Boys and Beyonds.

Jalousie

Donc, ça, c'est l'amour. La jalousie remonte à Saint Jaloux le Divin, qui était une secte où l'on ne permettait aucun changement. Il s'agissait de s'accrocher à la forme physique de quelque chose pour qu'elle ne change jamais et ne se désintègre jamais.

Tu étais jaloux de ton mobilier, pour que tes meubles ne se désintègrent pas, ne partent pas, ne cessent pas d'exister dans leur forme actuelle. Rien dans ta vie ne pouvait se désintégrer. C'était la définition originelle de Saint Jaloux.

Dain : Si tu regardes les choses à propos desquelles la plupart des gens deviennent jaloux — le sexe et les relations, quelqu'un qui flirte avec quelqu'un d'autre, quelqu'un qui couche avec quelqu'un d'autre — le concept serait « Si ça arrive, ma relation va s'effondrer. Oh, non ! Je ne veux pas que ma relation change, parce que c'est une partie absolument vitale de ma vie. »

Évidemment, il s'agit d'une vision totalement différente de la jalousie. Reconnaître que la jalousie, c'est essayer de garder les choses en place pour qu'elles ne changent pas, cela commence à déverrouiller tout l'aspect de la jalousie d'une manière totalement différente.

Combien d'entre vous se sont engagés envers Saint Jaloux le Divin pour vous assurer que votre vie ne se désintègre pas ?

> Tous ceux parmi vous qui ont pris des vœux, serments, allégeances[10], serments de sang, promesses et engagements envers Saint Jaloux le Divin, allez-vous détruire et décréer tout cela, fois un dieulliard, s'il vous plaît ? Right and Wrong, Good and Bad, POD and POC, All 9, Shorts, Boys and Beyonds.

Dain : Combien d'entre vous ont fait l'ultime pour devenir Saint Jaloux le Divin ?

Gary : Eh bien, ils ne deviennent pas vraiment Saint Jaloux le Divin ; ils reprennent le rôle de Saint Jaloux le Divin.

> Combien d'entre vous ont consacré leur vie à être Saint Jaloux le Divin ? Tout ceci, fois un dieulliard, allez-vous le détruire et le décréer totalement ? Right and Wrong, Good and Bad, POD and POC, All 9, Shorts, Boys and Beyonds.

Sexe

Parlons de sexe. Qu'est-ce que le sexe ? Le sexe, c'est quand tu marches la tête haute, que tu as belle allure, que tu te sens bien et que tu parades. Ce n'est pas les copulations que tu as. Malheureusement, la plupart d'entre nous définissent le sexe comme la copulation.

Partout où tu définis la copulation comme du sexe, tu dois, par

---

[10] *Une allégeance est une promesse féodale, comme lorsqu'un serf jurait loyauté à un roi en échange de sa protection. Un serment de sang est une allégeance qui s'est amalgamée dans ta structure physique, c'est comme un serment au carré.*

> nécessité te donner tort d'avoir belle allure ou de parader. Tout ceci, fois un dieulliard, vas-tu le détruire et le décréer totalement ? Right and Wrong, Good and Bad, POD and POC, All 9, Shorts, Boys and

Dain : Tout le monde a le point de vue que mettre des parties de corps ensemble c'est du sexe — mais combien de copulations as-tu eues dans ta vie qui t'ont donné l'impression d'avoir créé plus d'espace et plus de désir d'avoir belle allure, de te sentir bien et de parader ? Et combien ont créé moins ?

Gary :

> Partout où tu as acheté que moins égale sexe et partout où tu as nié qu'avoir belle allure, te sentir bien et parader, et être expansif était réellement la vérité, vas-tu détruire et décréer tout cela ? Right and Wrong, Good and Bad, POD and POC, All 9, Shorts, Boys and Beyonds.

> Et partout où tu as décidé que si seulement tu pouvais copuler, tu aurais beaucoup plus d'« avoir belle allure, te sentir bien et parader » — mais que ça n'a pas fonctionné — et que tout ce que tu as eu c'était une occasion supplémentaire d'aller au jugement de toi, d'où l'implant distracteur là-dessus, vas-tu détruire et décréer tout cela s'il te plaît ? Right and Wrong, Good and Bad, POD and POC, All 9, Shorts, Boys and Beyonds.

Paix

Ce qui maintient tout ceci en existence est la paix. Où vois-tu la paix exister sur la planète Terre ? Tu ne la vois pas, n'est-ce pas ? La paix n'existe nulle part.

Dain : En fait, elle existe dans la nature, où il n'y a personne.

Gary : Ah oui, ça. Mais à part ça, la paix n'existe pas.

> Alors, partout où dans l'espèce humaine, la paix est ce que tu re-

> cherches et la paix est ce que tu n'as pas, vas-tu détruire et décréer tout cela ? Right and Wrong, Good and Bad, POD and POC, All 9, Shorts, Boys and Beyonds.

Ce qui est unique et vrai avec la paix, c'est l'être fondamental de toi en tant qu'être. Tu as un sentiment de paix. Et avec la paix viennent la joie et les possibilités. Alors pourquoi la paix est-elle un implant distracteur ? Au lieu d'être en paix avec ce qui est, tu essaies de créer un problème pour pouvoir avoir quelque chose à surmonter pour pouvoir découvrir la paix que tu penses que tu auras si tu surmontes le problème.

> Tout ceci, fois un dieulliard, vas-tu le détruire et le décréer totalement ? Right and Wrong, Good and Bad, POD and POC, All 9, Shorts, Boys and Beyonds.

La paix est un état d'être naturel. Et si tu étais vraiment en paix empêcherais-tu vraiment ton partenaire de copuler avec quelqu'un d'autre ? Ou serais-tu prêt à voir le fait qu'il copule avec quelqu'un d'autre comme une contribution à sa vie ?

Chaque fois que tu essaies d'avoir un sentiment de paix, tu essaies de créer un endroit où tu te sens OK avec ce qui se passe dans ta vie. C'est où tu te sens bien avec ce qui se passe dans ta vie et tu as l'impression que tu n'as pas besoin d'y prêter attention, ce qui veut dire que tu n'as pas besoin d'être conscient. Et quand tu n'es pas conscient, as-tu les possibilités, le choix et la question, et la contribution ? Non.

> Tout ceci, fois un dieulliard, vas-tu le détruire et le décréer totalement ? Right and Wrong, Good and Bad, POD and POC, All 9, Shorts, Boys and Beyonds.

La paix est la clé qui te verrouille dans tous ces autres endroits, parce que tu ne crois pas vraiment que la paix existe.

Je parlais à un gars l'autre jour qui disait « Je divorce. Ma vie est finie. C'est horrible. J'aime cette femme et je veux être avec elle. »

J'ai répondu « Foutaises ! »

Il a dit « Quoi ? »

J'ai dit « Foutaises. Quand as-tu quitté cette relation ? Il y a plus de cinq ans ou moins ? »

Il a dit « Oh, mon Dieu, il y a plus de cinq ans. »

J'ai dit « Oui, donc, il y a six ans tu as quitté la relation et maintenant tu es en colère contre elle parce qu'elle a quelqu'un ? Avec quoi tu viens ? C'est complètement débile. »

En gros, c'est comme ça que les gens fonctionnent. Ils essaient de prouver qu'ils ont raison et que l'autre personne a tort, ce qui n'est pas la paix. La véritable paix, c'est « Si je ne suis pas le meilleur que tu aies jamais eu, vas trouver quelqu'un d'autre. » C'est mon point de vue.

> Tout ceci, fois un dieulliard, vas-tu le détruire et le décréer totalement ? Right and Wrong, Good and Bad, POD and POC, All 9, Shorts, Boys and Beyonds.

La paix n'existe pas vraiment comme concept sur la planète Terre. Où vois-tu la paix ? Il n'y a que dans la nature que tu trouves un sentiment de paix, et même dans cette paix, il y a de la violence.

La paix n'exclut pas la violence, parce que la paix fait partie de l'unité et la violence fait aussi partie de l'unité. Dans le sentiment de paix, il y a toujours un équilibre de la nature, ce qui est un concept qui n'existe pas sur cette planète. Dans l'espèce humaine, tout le monde est censé vivre, tout le monde est censé avoir la paix, tout le monde est censé ne pas souffrir et tout ça. Est-ce vraiment ce que le monde, l'univers et la réalité sont ? Où achètes-tu un point de vue différent ?

> Tout ce que tu as fait pour acheter un point de vue différent sur la paix, vas-tu le détruire et le décréer totalement, fois un dieulliard ? Right and Wrong, Good and Bad, POD and POC, All 9, Shorts, Boys and Beyonds.

La paix est l'une des choses qui créent le fait que nous ne reconnaissions pas que nous avons vraiment le choix. Si tu dis que le monde devrait être paisible, à savoir que personne ne devrait jamais faire de mal et qu'il ne devrait jamais y avoir de tristesse ou de malheur, tu ne reconnais pas que les gens qui sont tristes ou malheureux, les gens qui vivent des abus, de la violence, etc., le choisissent en réalité. Et ils aiment ça!

Dain : C'est une pilule qui n'est pas forcément facile à avaler. Ce n'est pas nécessairement quelque chose dont on veut prendre conscience. Ce serait très très surprenant.

Gary : Quand tu parles de ça aux gens, leur énergie fait… zing !

Dain : Et ton énergie fait ziiinnggg !

Quelle actualisation physique de la maladie interminable de la paix ne reconnais-tu pas comme la perfection de la création de l'amour, du sexe, de la jalousie comme l'amoindrissement total et absolu de l'espèce humaine qui mène à l'oubli ? Tout ceci, fois un dieulliard, vas-tu le détruire et le décréer totalement ? Right and Wrong, Good and Bad, POD and POC, All 9, Shorts, Boys and Beyonds.

Gary : Waouh, c'est l'un des meilleurs jusqu'à présent ! J'aime bien celui-là !

Dain : Waouh !

Participant : Je vais peut-être dire une évidence, mais je viens de capter que la façon dont cet implant distracteur fonctionne en partie, c'est que si tu cours derrière l'amour, ou si tu cours derrière la paix, ou si tu es perclus de jalousie, tu ne peux pas être toi. Tu ne peux pas t'avoir, toi.

Gary : En réalité, tu ne peux pas vraiment être.

Participant : Exactement ! C'est un phantasme qui nous distrait de nous-mêmes, totalement et pour toujours.

Gary : Oui, parce que tant que tu achètes n'importe lequel de ces implants distracteurs comme réels, tu ne peux pas vraiment être. C'est leur finalité — t'empêcher d'être — parce que si tu pouvais être, tu ne choisirais pas tous ces trucs. Ils n'auraient aucune valeur pour toi.

C'est comme le gars qui disait «Oh, ma relation! Je veux qu'elle revienne!»

J'ai dit : «Tu as renoncé à avoir une relation avec cette femme il y a six ans. Tu as décidé que c'était terminé. Tu as décidé que tu n'en voulais pas. Tu as décidé que ce n'était pas la bonne relation pour toi. Et maintenant, tu essaies de prouver que parce qu'elle sort avec quelqu'un d'autre, tu as été lésé et tu es une victime. Tu essaies de prouver que tu aimes vraiment quelque chose auquel tu as renoncé il y a six ans.»

Chacun de ces implants distracteurs est conçu pour te créer comme une victime. Peux-tu vraiment, en tant qu'être infini, être une victime? Non. Tu dois le faire exprès.

Dain : Et remarque aussi, la volonté de Gary d'avoir cette conversation avec ce gars. Combien d'entre vous auraient été prêts à dire cela? À quel point cette conversation va absolument à l'encontre de tout dans cette réalité? Mais c'était la seule chose qui allait créer de la clarté dans la situation parce que c'était ça qui se passait.

Gary : C'était ce qui était vrai. Le gars a ri en fait. Il a dit «Oh mon Dieu, tu as raison.»

J'ai dit «Oui, je sais. Je n'ai pas raison, mais généralement ce que je dis est correct.» Il y a une différence entre avoir raison et dire quelque chose de correct. Avoir *raison*, ça veut dire qu'il doit y avoir un tort; *correct* ça veut dire que tout le monde peut avoir son point de vue aussi, et ce que tu dis reste correct.

> Tout ceci, fois un dieulliard, vas-tu le détruire et le décréer totalement? Right and Wrong, Good and Bad, POD and POC, All 9, Shorts, Boys and Beyonds.

Gary : Faisons encore le processus, Dain. Je pense qu'il est cool.

Dain : Oui, moi aussi.

> Quelle actualisation physique de la maladie interminable de la paix ne reconnais-tu pas comme la perfection de la création de l'amour, du

sexe, de la jalousie comme l'amoindrissement total et absolu de l'espèce humaine qui mène à l'oubli ? Tout ceci, fois un dieulliard, vas-tu le détruire et le décréer totalement ? Right and Wrong, Good and Bad, POD and POC, All 9, Shorts, Boys and Beyonds.

Gary : Changeons-le un petit peu.

Quelle actualisation physique de la maladie interminable du mensonge de la paix ne reconnais-tu pas comme la perfection de la création et la destruction simultanée de l'amour, du sexe, de la jalousie comme l'amoindrissement total et absolu de l'espèce humaine qui mène à l'oubli ? Tout ceci, fois un dieulliard, vas-tu le détruire et le décréer totalement ? Right and Wrong, Good and Bad, POD and POC, All 9, Shorts, Boys and Beyonds.

Dain : Waouh. C'est tellement vrai. C'est super intéressant. Beaucoup de gens créent ce qu'ils pensent être l'amour tout en le détruisant aussi. Pareil avec le sexe, et pareil avec la jalousie.

Gary : Exact.

Dain : Si tu as l'une de ces choses, tu essaies aussi de la détruire. Si tu as l'élément jalousie, tu essaies de détruire ça. Si tu n'as pas le bon amour, tu essaies de le détruire pour essayer d'avoir quelque chose de différent. Si tu n'as pas le bon sexe, tu essaies de détruire ça pour avoir quelque chose de différent.

Gary : Et tant que tu y es, tu as aussi la création et la destruction de l'idée de la paix. Tu n'es pas en paix avec l'idée que cette fois où tu as eu du super sexe, du super amour ou du super tout ce que tu veux est assez. Tu dois toujours avoir plus.

Dain : Et c'est pour ça que nous achetons le mensonge du temps. Nous ne réalisons pas que « Si je l'ai eu une fois, je le suis encore maintenant. »

Gary : C'est ça, « Je le suis » et pas « Je l'ai. »

Dain : Waouh, et c'est ce qui nous fait chercher tout à l'extérieur de nous — l'amour, la validation du sexe.

Gary : Et être.

Dain : Notre être même — oui, plutôt que de réaliser « Je suis ça. » Parce que si tu es *quelque chose*, tu es *tout*. La question est « Quelle part de ça est-ce que je choisis d'exprimer maintenant ? »

Gary : Et « Quelle part de ça est-ce que je choisis de ne pas exprimer maintenant ? »

Dain : Exact.

Gary : OK, essayons encore une fois.

> Quelle actualisation physique de la maladie interminable du mensonge de la paix ne reconnais-tu pas comme la perfection de la création et la destruction ?

On doit encore le changer un petit peu. C'est « le mensonge et la vérité de la paix. » J'adore ! Si ce n'est pas alambiqué ça ! Tu as le mensonge et la vérité, et tu essaies de vivre les deux.

Dain : Et en même temps, tu as simultanément la création et la destruction et tu essaies de vivre les deux.

> Quelle actualisation physique de la maladie interminable du mensonge et de la vérité de la paix ne reconnais-tu pas comme la perfection de la création et la destruction simultanée de l'amour, du sexe, de la jalousie comme l'amoindrissement total et absolu de l'espèce humaine qui mène à l'oubli ? Tout ceci, fois un dieulliard, vas-tu le détruire et le décréer totalement ? Right and Wrong, Good and Bad, POD and POC, All 9, Shorts, Boys and Beyonds.

Waouh ! Saint Taboulé, Batman ! Je me demandais si on pourrait créer un processus qui déverrouille tout. On l'a peut-être trouvé !

Gary : Ce serait drôle, n'est-ce pas ?

Quelle actualisation physique de la maladie interminable du mensonge et de la vérité de la paix ne reconnais-tu pas comme la perfection de la création et la destruction simultanée de l'amour, du sexe, de la jalousie comme l'amoindrissement total et absolu de l'espèce humaine qui mène à l'oubli ? Tout ceci, fois un dieulliard, vas-tu le détruire et le décréer totalement ? Right and Wrong, Good and Bad, POD and POC, All 9, Shorts, Boys and Beyonds.

En faisant ce processus, j'ai remarqué que pour chacun des implants distracteurs, nous allons vers plus de ce qui nous empêche d'être. Et c'est là que nous créons l'opposition à nous-mêmes, l'opposition à être et recevoir, et l'opposition à la conscience totale de chaque aspect de notre vie. C'est comme si chaque implant avait été construit à un niveau supérieur. Je me demande ce que le prochain niveau va amener.

Dain : Waouh.

Quelle actualisation physique de la maladie interminable du mensonge et de la vérité de la paix ne reconnais-tu pas comme la perfection de la création et la destruction simultanée de l'amour, du sexe, de la jalousie comme l'amoindrissement total et absolu de l'espèce humaine qui mène à l'oubli ? Tout ceci, fois un dieulliard, vas-tu le détruire et le décréer totalement ? Right and Wrong, Good and Bad, POD and POC, All 9, Shorts, Boys and Beyonds.

Gary : Oh, mon Dieu, c'est incroyable !

Participant : Peux-tu expliquer le mot « oubli » ?

Gary : L'oubli, c'est l'endroit où rien n'existe. C'est l'idée que tu puisses prendre quelque chose qui existe et le mettre dans un endroit où rien n'existe. C'est l'idée que l'espèce humaine n'existe pas. Si nous fonctionnons à partir de l'idée que l'espèce humaine ne peut pas vraiment exister, que pouvons-nous créer ? Ou devons-nous constamment être en opposition à créer et générer ce qui est possible en tant qu'humains et humanoïdes que nous sommes vraiment ? Est-ce que ça aide ?

Tu devras écouter ceci au moins 2700 fois pour le saisir. Je comprends ça et je suis désolé. J'aimerais pouvoir créer plus de clarté, mais si on regarde le monde, on voit que les gens fonctionnent du point de vue qu'ils veulent exister et qu'ils ne peuvent pas exister. Ils veulent être là, mais ils ne veulent pas être là. Ils sont toujours en opposition à quelque chose dans leur propre monde. Tant de gens sont en opposition à une part ou l'autre de qui ils sont et de ce qu'ils sont. Est-ce que cela va créer un endroit où ils peuvent être qui et ce qu'ils sont ?

Participant : Ça m'aide. Merci beaucoup.

Gary : Avec plaisir.

Participant : J'arrive à comprendre ceci en partie, mais il y a un élément pour lequel j'ai besoin d'aide. Comment ça serait dans le monde si on était comme ça ? Disons que tu es au moment de ta vie où les enfants quittent le nid, et les plus jeunes voudraient avoir une famille. Est-ce que les choses se mettent en place pour un tout nouveau paradigme de ce que les relations pourraient être pour que les enfants puissent grandir avec ça ?

Gary : Une chose qui est devenue réelle pour moi, c'est que les enfants ont un point de vue différent de nous, de toute façon. Quand j'ai épousé ma seconde femme, elle avait un fils de quinze ans. Un soir que j'étais dans le bain à bulles avec lui, j'ai dit « Alors, ça fait quoi d'avoir une vraie famille ? »

Il m'a dit « Qu'est-ce que tu veux dire ? J'ai toujours eu une vraie famille. Ma sœur, ma mère et moi, on est une vraie famille. »

J'ai réalisé que ce que nous définissons comme une vraie famille crée les limites de ce que nous pouvons avoir comme vérité. C'est le distracteur. Nous persistons à essayer de générer le point de vue qu'une vraie famille, c'est x, y et z. Selon qui ? Selon cette réalité, selon ce que nous avons vu à la télévision, selon ce qu'on a lu dans les livres, selon les B.D., selon toutes sortes de choses qui n'ont rien à voir avec nos choix et rien à avoir avec notre conscience.

La conscience de mon beau-fils était que lui, sa sœur et sa mère étaient une vraie famille parce qu'ils s'aimaient, parce qu'ils étaient là les uns pour les autres, et qu'ils étaient prêts à inclure chacun sans jugement.

En cet instant, j'ai réalisé « Attends une minute, ma définition de la famille n'est pas une vraie définition. C'est juste ma définition. » Pour chaque aspect d'une relation, tu dois demander :

- Quelle est ma définition ?
- Quelle est la définition de l'autre ?
- Quelle est la réelle définition ?
- Quelle définition différente pourrait-il y avoir ?

Dans tous les aspects de notre vie, nous avons essayé de définir ce qui est vrai et réel en fonction de notre perspective ou celle de quelqu'un d'autre. Par exemple, quand j'étais jeune et beau et que je couchais avec tout le monde, mon point de vue était « Si je ne suis pas le meilleur partenaire sexuel que tu pourrais avoir, alors tu devrais être avec quelqu'un d'autre. S'il est meilleur que moi, vas-y. » Je ne comprenais pas que ce n'était pas normal. Je pensais que c'était le point de vue normal des gens à propos du sexe.

Puis j'ai été avec une fille avec qui le sexe était formidable, incroyable et fabuleux et elle m'a dit : « Je te quitte. »

J'ai dit « Quoi ? »

Elle m'a répondu « Le sexe est super, mais je veux une relation. » J'ai dit « Quoi ? Je ne vois pas de quoi tu veux parler. »

Elle a dit « Tu es meilleur au lit que ce gars, mais ce gars va s'engager à vie avec moi. »

J'ai dit « Quoi ? » Parce que pour moi, il s'agissait d'amour, de sexe, de jalousie et de paix. J'avais un sentiment de paix quand je couchais avec elle. Et je n'avais ça avec personne d'autre. Elle avait un sentiment de paix quand elle couchait avec moi et elle n'avait ça avec personne d'autre, mais comme cela ne collait pas avec l'idée de la relation dans cette réalité, cela ne pouvait exister pour elle.

Et pour moi c'était « Je ne vois pas de quoi tu parles. »

Cela ne pouvait pas exister parce qu'elle ne pouvait pas le définir selon le point de vue des autres, qui ne devait même pas lui appartenir. Et elle ne pouvait certainement pas le définir selon sa réalité. Tous ces implants distracteurs définissent ta réalité — pas sur la base de ta conscience, mais celle de quelqu'un d'autre.

Dain : Une autre façon de répondre à tes questions, c'est de demander : « Est-ce que ceci va changer le paradigme de la relation qui est disponible ? » Je dirais que la réponse est oui ; il y a au moins une possibilité. Beaucoup de gens s'engagent dans des relations pour obtenir l'amour dont ils pensent manquer ou le sexe dont ils pensent manquer. Et pourtant ils vont dans l'opposition parce que beaucoup de gens disent « Oui, j'aimerais bien le sexe, j'aimerais bien l'amour, mais je ne veux pas vraiment m'engager ou être lié. » Eh bien, comment vas-tu obtenir ça ?

Pour l'instant, ça n'existe pas dans cette réalité. Et en vérité, la seule façon d'avoir la paix, c'est de vous avoir vous entièrement et n'avoir besoin de personne. Alors, il est possible d'avoir une relation ou une relation sexuelle ou de copuler avec quelqu'un et que ce soit une contribution à ta vie. Quand tu recherches tout le temps la réalité des autres pour trouver la tienne, la paix ne peut pas exister.

Certaines générations plus jeunes, les ados et les jeunes adultes, amènent des paradigmes différents sur la planète en ce moment. Ils font les choses autrement et cela met mal à l'aise beaucoup de gens plus âgés, parce que les plus jeunes font les relations, le sexe et la copulation sans nécessairement inclure quelque chose de nourricier, aimant ou un travail. Ils essaient quelque chose de différent, ce qui veut dire qu'un changement est en cours. On n'y est peut-être pas encore, mais quelque chose est vraiment en train de changer sur la planète.

Gary : Parce que vous travaillez sur ces implants distracteurs, vous augmentez les chances que quelque chose de plus grand se présente. Je vous suis reconnaissant de participer à ces appels. Je suis reconnaissant que nous ayons effectivement décidé de faire ces appels.

Dain :

Quelle actualisation physique de la maladie interminable du mensonge et de la vérité de la paix ne reconnais-tu pas comme la perfection de la création et la destruction simultanée de l'amour, du sexe, de la jalousie comme l'amoindrissement total et absolu de l'espèce humaine qui mène à l'oubli ? Tout ceci, fois un dieulliard, vas-tu le détruire et le décréer totalement ? Right and Wrong, Good and Bad, POD and POC, All 9, Shorts, Boys and Beyonds.

Participant : Dain, ce que tu as dit avant m'a vraiment frappé et en même temps, je ne t'ai pas compris. C'était comme si tu parlais chinois, et pourtant c'était si profond. J'aimerais vraiment bien que tu répètes.

Dain : Merci. Il faudra que tu réécoutes l'enregistrement.

Gary : Au moins 500 fois.

Participant : OK.

Dain : Nous regardons à travers la réalité des autres pour trouver notre réalité et pour essayer de nous trouver.

Il y a quelque temps, j'ai fait une classe sur déverrouiller et trouver le véritable bonheur de soi. La classe était basée sur un travail qu'on faisait avec Gary. C'était très intéressant pour moi, parce que j'ai réalisé que je faisais quelque chose que pratiquement tout le monde fait aussi. J'avais cette question basique dans la tête :

- Que puis-je être qui est différent de moi pour trouver le bonheur que je suis vraiment ?
- Que puis-je être qui ne soit pas moi et qui me permettrait de trouver le bonheur que je suis vraiment ?

Mais cela pourrait être aussi :

- Que puis-je être qui est différent de moi pour trouver le bonheur que je suis vraiment ?
- Que puis-je être qui ne soit pas moi et qui me permettrait de trouver la paix que je suis vraiment ?

C'est à partir de là que les gens ont fonctionné jusqu'à présent. Si tu poses simplement ces questions et que tu POC et PODes, tu commenceras à sortir de l'endroit où tu essaies de faire ça. Nous sommes déjà nous, et pourtant cela ne semble pas fonctionner. Depuis notre conception, nous recherchons ce qui pourrait être différent de nous qui nous permettrait d'être enfin heureux et en paix. Nous sommes vraiment doués pour regarder à travers les réalités des autres pour essayer de les imiter, de les dupliquer, mais cela ne nous correspond pas et ça ne fonctionne pas parce que la seule chose qui vous donnera la paix et le bonheur de vous, c'est de vous avoir entièrement sans jugement.

Gary : Nous pensons que la paix est l'une des pièces qui nous composent. Mais *p-i-e-c-e* (pièce) n'est pas *p-e-a-c-e* (paix). Nous persistons à essayer de trouver la pièce de nous qui manque, comme si une fois qu'on avait une relation, on allait avoir un sentiment de paix et un sentiment de soi entier, en ayant le sentiment de paix qu'on obtient quand l'autre 'pièce' de soi se présente.

> Tout ceci, fois un dieulliard, vas-tu le détruire et le décréer totalement ? Right and Wrong, Good and Bad, POD and POC, All 9, Shorts, Boys and Beyonds.

Quand j'ai entendu qu'il y avait des implants distracteurs, j'ai saisi. Je disais « OK, c'est un distracteur. POC et PODe ça. » Je ne réalisais pas que la majorité des gens ne fonctionnaient pas à partir de ce point de vue. Ils essaient continuellement de chercher *pourquoi* les choses sont comme elles sont, *comment* ça se fait que les choses sont comme elles sont ou *ce qui* est comme ça.

Dain : Ils pensent que si on parvient finalement à comprendre quelque chose, on ne le fera plus.

Gary : Oui.

Dain : Non, cela te donnera tout au plus une raison de plus de te juger de ne pas l'avoir déjà changé.

Gary :

> Quelle actualisation physique de la maladie interminable du mensonge et de la vérité de la paix ne reconnais-tu pas comme la perfection de la création et la destruction simultanée de l'amour, du sexe, de la jalousie comme l'amoindrissement total et absolu de l'espèce humaine qui mène à l'oubli ? Tout ceci, fois un dieulliard, vas-tu le détruire et le décréer totalement ? Right and Wrong, Good and Bad, POD and POC, All 9, Shorts, Boys and Beyonds.

Nous devons ajouter quelque chose « l'oubli et l'annihilation d'être totalement »

> Quelle actualisation physique de la maladie interminable du mensonge et de la vérité de la paix ne reconnais-tu pas comme la perfection de la création et la destruction simultanées de l'amour, du sexe, de la jalousie comme l'amoindrissement total et absolu de l'espèce humaine qui mène à l'oubli et à l'annihilation d'être totalement ? Tout ceci, fois un dieulliard, vas-tu le détruire et le décréer totalement ? Right and Wrong, Good and Bad, POD and POC, All 9, Shorts, Boys and Beyonds.

C'est comme si on essayait constamment de prouver que nous faisons partie de l'espèce humaine. Et nous faisons amour, sexe, jalousie et paix pour prouver cela. On tombe amoureux de quelqu'un, alors on essaie de créer un sentiment de paix au sein de la structure de sa vie sur la base de la paix d'avoir l'autre partie de soi ; une pièce de soi qui manquait.

Tu essaies de créer cela et tu finis dans un endroit où tu essaies de tout faire tenir. Tu essaies de maintenir la jalousie en existence. Tu penses que si tu peux maintenir ce point de vue fixe en existence, rien ne changera. Mais tout ça, c'est un implant distracteur. Il est conçu avant tout pour t'éliminer d'*être*. C'est dingue.

Dain : Génial, darling, génial !

Gary :

> Partout où tu as acheté ces balivernes, et tout ceci, fois un dieulliard, vas-tu le détruire et le décréer totalement ? Right and Wrong, Good and Bad, POD and POC, All 9, Shorts, Boys and Beyonds.
>
> Quelle actualisation physique de la maladie interminable du mensonge et de la vérité de la paix ne reconnais-tu pas comme la perfection de la création et la destruction simultanées de l'amour, du sexe, de la jalousie comme l'amoindrissement total et absolu de l'espèce humaine qui mène à l'oubli et à l'annihilation d'être totalement ? Tout ceci, fois un dieulliard, vas-tu le détruire et le décréer totalement ? Right and Wrong, Good and Bad, POD and POC, All 9, Shorts, Boys and Beyonds.

Participant : Tu as dit que le sexe c'est quand tu marches la tête haute, que tu parades et que tu es pleinement toi et ça paraît vraiment formidable. C'est comme si je laissais quelque chose entrer et puis je le tords ou le contracte. Je vais dans le jugement ou j'achète le jugement des autres. Peux-tu parler de ça ?

Gary : C'est ce qu'on appelle l'extrapolation et c'est ce qu'on appelle les implants distracteurs !

Dain : Chaque implant distracteur est conçu pour s'enchaîner à un autre implant distracteur ou s'enrouler autour d'un autre implant distracteur ou un autre point de limitation. C'est comme une bande de Möbius — mais pas juste une seule. Sais-tu ce qu'est une bande de Möbius ? C'est le symbole de l'infini. C'est comme une bande de Möbius constituée de bandes de Möbius.

Participant : Oui.

Dain : Imagine une bande de Möbius constituée de bandes de Möbius. Peu importe où tu l'attaches, elle est conçue pour toujours revenir à la bande de Möbius de limitation qui est créée à partir des implants distracteurs mêmes. Et la raison pour laquelle nous les faisons tous, c'est parce que…

Gary : Ils se contribuent tous mutuellement. Ils contribuent tous à ce qui te limite. Ils ne sont pas créateurs de possibilités.

Dain : Ils se renvoient l'un à l'autre. Il y a de nombreuses pratiques spirituelles et de développement personnel que tu as faites dans cette vie et d'autres vies qui prennent un élément de scénario d'implant distracteur. Par exemple, combien de personnes connaissez-vous qui sont branchées «amour»? «L'amour nous sauvera. L'amour nous libérera. Dieu est Amour. L'amour est la chose la plus merveilleuse du monde.» Ces gens sont déconnectés de la réalité. Ils veulent que tout soit amour parce que dans une autre vie, ils appartenaient à une secte ou ont créé une secte qui disait : «L'amour est le moyen de nous rendre libres.» Mais malheureusement, comme ces choses s'enchaînent infiniment entre elles, il n'est pas possible de créer la liberté par ce moyen.

Donc, tu as des gens qui pensent que l'amour est la porte de sortie. Mais c'est loin d'englober tout, parce que dès qu'ils ont de la clarté dans le domaine de l'amour — et généralement ils n'ont pas de clarté, mais plein de conclusions — ils butent sur un autre implant distracteur qui les renvoie exactement partout où ils étaient limités. Un coup, c'est basé sur l'amour, un coup, sur la jalousie et un coup, sur le sexe. C'est pour cela que de nombreux enseignements religieux disent «Si tu veux vraiment être spirituel, arrête le sexe et arrête de prendre plaisir à ton corps.» Sauf que ça ne marche pas non plus, parce que ça ne t'inclut pas entièrement.

Nous voulons vous amener à un endroit où vous pourrez avoir la liberté avec toutes les énergies et les possibilités qui sont disponibles plutôt que de vous faire prendre à nouveau dans la spirale qui est créée quand vous sautez dans le train de n'importe lequel de ces implants distracteurs. Est-ce que ça fait sens?

Participant : Oui, merci. Je voudrais pouvoir être ce sexe et cette joie et je capte que de faire tourner ce processus et d'être conscient permettra cela — parce que je me m'attache vraiment au jugement.

Gary : C'est pour cela que l'implant distracteur est conçu. Il est conçu pour t'attirer dans le jugement, pas dans la conscience. Si tu réalises ça, quand tu auras une relation sexuelle avec quelqu'un avec qui c'est vraiment super d'avoir des relations sexuelles, tu auras envie que tous tes amis vivent cette même grandeur. Quand je faisais « sex, drugs, and rock and roll » — mon point de vue était « Eh bien, comment faire en sorte que mes amis expérimentent à quel point c'est super d'avoir des relations sexuelles avec cette personne ? »

Mes amis disaient « Tu veux que je fasse quoi ? »

Je disais « Elle est formidable au lit. Comment pourrais-tu passer à côté de ça ? » Et ils me disaient « Tu es fou ? »

Et je disais « Qu'est-ce que tu veux dire ? »

Et ils me demandaient « Tu veux partager cette personne ? »

Et je disais « Oui, et si tu es bon, j'aimerais bien te partager aussi. » Et ils me répondaient « Tu es malade. » C'est à ce moment-là que j'ai arrêté de partager.

Dain : C'est malheureusement le même genre d'expérience que nous avons tous eue d'une façon ou d'une autre et qui nous a fait arrêter de partager et arrêter d'être la générosité que nous sommes, et qui fait partie de ce qui rend vraiment la vie joyeuse.

Nous avons passé tant de notre temps et de notre énergie à nous couper de ce qui était vrai à notre sujet pour essayer d'adopter la vérité que nous dictent les implants distracteurs.

En grandissant, nous nous coupons un doigt, puis un orteil, puis un autre et puis on se coupe une fesse. Et puis on se demande pourquoi on a l'air de ne pas fonctionner à nos pleines capacités. Nous pensons que c'est là que nous devons aller parce que c'est ça que tout le monde semble penser qui est vrai.

> Tout ceci, fois un dieulliard, vas-tu le détruire et le décréer totalement ? Right and Wrong, Good and Bad, POD and POC, All 9, Shorts, Boys and Beyonds.

Quelle actualisation physique de la maladie interminable du mensonge et de la vérité de la paix ne reconnais-tu pas comme la perfection de la création et la destruction simultanées de l'amour, du sexe, de la jalousie comme l'amoindrissement total et absolu de l'espèce humaine qui mène à l'oubli et à l'annihilation d'être totalement ? Tout ceci, fois un dieulliard, vas-tu le détruire et le décréer totalement ? Right and Wrong, Good and Bad, POD and POC, All 9, Shorts, Boys and Beyonds.

Participant : Ça devient plus clair pour moi pourquoi ces implants distracteurs fonctionnent ensemble. C'est comme si on ne pouvait pas juste en prendre un. Ils sont tous ensemble. Peux-tu parler du sexe et de l'amour en tant qu'implants distracteurs ? Et peux-tu extrapoler un peu plus sur l'énergie de « tomber amoureux » et de « puis coucher ensemble » et d'avoir ça comme drogue ?

Dain : Dans le premier appel sur les implants distracteurs, nous avons parlé de la colère qui est en fait de la puissance et la puissance est en fait la réalité, mais quand tu t'accordes et t'alignes sur un aspect de la puissance, la colère, la vibration est très similaire, mais juste « légèrement différente » et au final te « piège. »

Il en va de même avec la paix. De manière très similaire à la puissance, la paix est ce qui est vrai pour toi. Mais si tu t'alignes et t'accordes sur l'un de ses aspects, tu te prépares à te faire entuber par l'implant distracteur amour, sexe et jalousie.

Et pour ce qui est de « tomber amoureux », et si c'était qui tu es en réalité ?

Gary : L'idée de « tomber amoureux » est l'implant distracteur de cette chose. C'est quelque chose dans lequel tu « tombes », ce n'est pas quelque chose dont tu es conscient.

Dain : Et ce n'est pas quelque chose que tu es déjà et que tu peux choisir d'être.

Participant : Oui. C'est comme si ce n'était pas un état naturel. Quand tu le sens, c'est comme « C'est qui je suis. » C'est comme si ça résonnait. Oui.

Dain : Plutôt que d'*être*, cet implant distracteur te met dans le *sentiment*. Et un sentiment est un état éphémère dont tu sais qu'il va passer. Mais si c'est quelque chose que tu *es*, on ne peut jamais te l'enlever.

Participant : Quelle est cette énergie, quand tu es tellement plein d'amour, que tu ne peux pas t'empêcher de dire « Je t'aime » ?

Dain : Est-ce parce que tu es si plein d'amour ? Ou bien es-tu en fait plein d'être, qui a été mésidentifié et mésappliqué ? As-tu remarqué que chaque fois que tu es autant, il y a une compulsion à le partager ?

Participant : Exactement !

Dain : J'ai toujours voulu partager les choses que je rencontrais, les prises de conscience que j'avais, et les espaces d'être que je découvrais qui étaient disponibles, surtout après avoir commencé Access Consciousness, mais même avant Access. Il m'arrivait de courir le long de la plage et peu importe la vitesse à laquelle je courais, rien ne pouvait m'arrêter. Je sprintais, j'y prenais plaisir, et puis je passais devant quelqu'un qui me regardait. Et j'avais envie de partager cette énergie avec son corps parce que son corps en avait très peu. Et dès que j'essayais de partager avec lui, mon univers se contractait à la même taille que le sien.

Quand tu partages — je pense que c'est un élément de ce qui se passe avec l'implant distracteur de l'amour — si ton univers est plus grand que celui de l'autre, tu dois te contracter à la taille de son univers dans ce domaine en particulier pour pouvoir le lui donner.

Et cela te sort de l'expansion qui est plus grande que ce dont il est conscient, et t'amène à essayer d'être quelque chose de plus petit que ce que tu étais pour la lui donner. Tu n'es plus du tout plus grand que lui. Tu es hors de cet espace incroyable que tu étais.

Gary :

> Tout ceci et tout ce que cela a fait remonter, fois un dieulliard, vas-tu le détruire et le décréer totalement ? Right and Wrong, Good and Bad, POD and POC, All 9, Shorts, Boys and Beyonds.

Dain : Je suis désolé pour les grands détours.

Participant : Non Dain, c'était génial la façon dont tu as dansé à travers ça. Est-ce que ça peut aller dans les deux sens ? Quand tu reconnais vraiment l'énergie que c'est, est-ce que ça s'expanse ?

Dain : Oui, mais à un endroit où tu n'as pas besoin de partager.

Participant : Tu l'es tout simplement. Tu es simplement ce que c'est ?

Les sentiments

Dain : Les gars, il faut que vous compreniez ceci. C'est énorme. La plupart des gens ne verront jamais ceci ou ne le reconnaîtront jamais. Chaque fois que tu te dis « Je sens que je dois partager ceci » ou « Je sens » ou « J'ai l'impression » par rapport à quelque chose, POC et PODe-le et demande : « Quelle est la prise de conscience que j'ai qui est plus grande que ce sentiment ? » Dans chaque sentiment, il y a une conscience que tu n'es pas prêt à avoir. Nous disons ça depuis douze ans, mais personne ne veut l'entendre. Les gens veulent dire « Je me sens tellement plein d'amour. » Non, tu es en fait conscient que tu es quelque chose de plus grand.

Gary : Voici quelque chose que j'aimerais que tu fasses : prends quelqu'un que tu aimes beaucoup, quelqu'un à qui tu tiens vraiment, et rends ce sentiment intime plus grand que l'univers. Est-ce que ce que ce sentiment d'aimer est plus grand que ce que tu veux bien reconnaître ?

Dain : Oui.

Gary : C'est le niveau d'amour que tu as en réalité. Nous persistons à essayer de le diminuer pour en faire la version de cette réalité de ce qu'est l'amour. C'est ça l'oubli et le manque d'être à partir duquel nous persistons à essayer de créer.

Dain : Même tes chiens le savent !

Gary : Oui !

Participant : Il me semble parfois que quand les gens sont amoureux, c'est vraiment « J'ai trouvé la réponse. Je ne dois plus chercher maintenant ! » Cela semble être l'opposé de ce que vous dites. C'est presque que comme un amoindrissement.

Gary : Eh bien, si tu tombes amoureux, tu tombes dans un état diminué.

Dain : Et tu tombes dans la conclusion. Ce truc qui va avec ça, c'est une réalité contextuelle, où les gens veulent trouver leur place, où ils veulent bénéficier et gagner et ne pas perdre. Tomber amoureux correspond à tout ça, sauf que ça te coupe de la volonté d'être quoi que ce soit d'autre, quoi que ce soit de plus grand que ça.

Tu tires la conclusion « J'ai enfin trouvé la bonne personne ! J'ai enfin trouvé la réponse ! J'ai enfin trouvé ma place, je vais enfin bénéficier. Je vais enfin gagner. Enfin, je ne suis plus un loser. » Tu essaies de t'arrêter là, ce qui t'empêche d'aller de l'avant, mais toi, en tant qu'être, tu as besoin de t'expanser sinon, tu te contractes et tu meurs.

Nous essayons tous de conclure des choses sur la base de cette réalité. Nous disons « Oh, je vais trouver un joli petit espace confortable et m'y installer ! » Quand tu fais ça tu tombes toujours dans moins que toi.

C'est un peu comme l'aspect sexe de cet implant distracteur. Si tu captes comment c'est quand tu flirtes avec quelqu'un et que quelqu'un flirte avec toi — j'espère que vous savez tous ce que ça fait — et que vous laissez cela « vivre » dans votre corps, c'est un état d'énergie qui devrait être disponible dans votre corps à tout moment. Nous avons tendance à penser « Oh, c'est quelqu'un d'autre ! » ou « Oh, je n'ai ça qu'avec le sexe. » Eh bien et si ça pouvait être encore plus grand, avec ou sans sexe ou copulation ou quelqu'un avec qui copuler ?

Participant : Est-ce que c'est ce que tu disais avant ? Quand on a cette expérience, quand on a l'énergie qui est dans notre corps — souvent ça se passe quand on est avec quelqu'un d'autre — nous l'identifions comme quelque chose qu'on ne peut expérimenter qu'avec quelqu'un d'autre ? Es-tu en train de dire qu'une fois que tu as cette expérience, tu l'es ?

Gary : Si tu en *fais l'expérience*, tu ne l'*es* pas vraiment. Quand tu cherches à vivre quelque chose, tu cherches un moyen de valider ce que tu as décidé, conclu et confirmé qui était vrai et qui ne l'est peut-être pas.

Dain : La seule raison pour laquelle tu pourrais faire ce que tu appelles « l'expérience », c'est parce que tu l'*es* déjà. Ce n'est que parce que tu l'es déjà que tu peux avoir l'expérience et puis quand tu te dis « Waouh, j'*ai cette expérience* » au lieu de « Waouh, je *suis ça* », tu te retires de l'endroit où tu es ça et tu vas dans le besoin que quelqu'un d'autre doit la réaliser pour toi ou te l'apporter.

Tu vas aussi dans le besoin d'avoir quelqu'un d'autre, comme si, si tu n'avais pas cette personne, tu n'aurais pas ces aspects merveilleux de l'être et d'être incorporé que tu as maintenant et que tu peux être. Est-ce que ça fait sens ?

Participant : Merci. Ça fait une différence énorme !

Participant : Quand on est intimes, quand on a de la copulation ou du sexe, comment peut-on simplement s'amuser ? Si on recherche ça en dehors de nous-mêmes, quelle est la valeur d'avoir des rapports sexuels avec des gens qui sont déjà cette énergie ?

Dain : Tu supposes que « Si je peux être tout ça, alors pourquoi aurais-je besoin de quelqu'un d'autre ? » Ce n'est pas que tu aies besoin de quelqu'un d'autre. Si je peux être tout ça, j'ai besoin d'un corps ! Tu n'as pas *besoin* d'un corps. Tu as créé un corps pour pouvoir jouer avec, t'amuser dedans, y prendre plaisir et expérimenter les choses que tu ne pourrais pas expérimenter aussi facilement sans corps.

Gary : Tu ne peux pas expérimenter ça et y prendre plaisir, parce que tu n'as pas de sentiment de paix avec ton corps. Tu n'as pas de sentiment d'amour et de sexe. Tu connais la jalousie avec ton corps. Tu as tous ces trucs que tu penses devoir avoir sur la base du point de vue de qui ?

Dain : Ce n'est pas ton point de vue. C'est celui de quelqu'un d'autre.

Participant : (Rires)

Dain :

> Quelle actualisation physique de la maladie interminable du mensonge et de la vérité de la paix ne reconnais-tu pas comme la perfection de la création et la destruction simultanées de l'amour, du sexe, de la jalousie comme l'amoindrissement total et absolu de l'espèce humaine qui mène à l'oubli et à l'annihilation d'être totalement ? Tout ceci, fois un dieulliard, vas-tu le détruire et le décréer totalement ? Right and Wrong, Good and Bad, POD and POC, All 9, Shorts, Boys and Beyonds.

Participant : Il y a tellement de cours et de conférences dans le monde qui se focalisent sur apprendre à aimer tout le monde sur la planète, à répandre l'amour, etc. Est-ce que c'est la version implant distracteur de l'amour ?

Gary : C'est toujours un implant distracteur parce que s'ils peuvent t'amener à te focaliser sur l'amour, tu ne remarqueras pas quand ils te tuent. OK, question suivante.

Dain : Tu ne veux rien dire de plus là-dessus ?

Gary : Non, j'ai dit tout ce que j'avais à dire.

Participants : (Rires)

Gary : Pendant des années, tout le monde me disait « Tout est une question d'amour, tout est une question d'amour, tout est une question d'amour. » Est-ce que l'amour a grandi ? Non ! Alors comment tout pourrait-il être une question d'amour si l'amour n'a pas grandi ? Les choses ne se sont pas améliorées. Il n'y a pas eu de possibilité différente dans le monde. Personnellement, je n'ai pas vu de grand changement là-dedans. Alors, pour moi, le « Tout est une question d'amour », quelle valeur est-ce que ça a ? C'est l'idée qu'il y a quelque chose de plus grand que toi que tu n'as pas encore remarqué.

Dain : Bonne remarque. Il y a quelque chose de plus grand que toi que tu n'as pas encore remarqué. Combien de ça a été perpétré sur toi par tant de ces techniques et tant de ces gens qui disent « Nous avons les bonnes réponses. C'est comme ça qu'il faut faire. »

S'il y avait réellement quelque chose de plus grand que toi que tu n'as pas encore remarqué, quand tu prendrais conscience qu'il y a quelque chose de plus grand que tu n'as pas encore choisi d'être, cela devrait te faire sentir plus léger, comme « Waouh, je peux être plus que ça ! » Ce n'est pas la perspective de ces méthodes. Elles disent plutôt « Il y a quelque chose de plus grand que toi et ce n'est pas toi. »

Gary : J'adore la partie « ce n'est pas toi ». C'est tellement ça.

Participant : On dirait qu'il y a un point de vue dominant que pour grandir tu dois avoir un partenaire, parce que cela va te montrer sur quoi tu dois travailler. Et tu peux pratiquer ta communication si tu es dans un partenariat ou une relation.

Gary : Merci pour la plus grosse baliverne que j'ai jamais entendue dans ma vie. Quelle partie de ton être infini, si tu n'as pas la conscience infinie, ne reconnais-tu pas ? Désolé les gars, je vous adore, mais vous achetez un tas de merde enrobé de chocolat. Ça a toujours un goût de merde — alors, ne le mangez pas. Il y a tout un univers là où les gens disent : « C'est ça, ça, ça et ça. » Vous vous concentrez sur « ça, ça et ça » et comment fonctionne votre vie ? Question suivante.

Participant : J'ai l'impression que plus je deviens conscient de moi, plus la relation devient joyeuse — plus légère.

Gary : Oui, parce cela devient une question de possibilité, de choix, de question et de contribution — et pas une question de ce que c'est censé être. Tous les implants distracteurs sont conçus pour te donner ce que tu es *censé être*, parce que tu va choisir ce qui est *censé être* et tu vas échouer et puis tu devras aller dans le jugement de toi. Si tu n'avais pas à te juger, quels autres choix seraient disponibles ?

Participant : Est-ce que la jalousie a toujours été dans le monde ? Dans les récits historiques, on dirait qu'il y a toujours quelque chose avec la jalousie. Est-ce qu'il y a des parties du monde ou une génération où il n'y a pas eu tant de jalousie ?

Gary : Non, il y a toujours eu de la jalousie sous une forme ou une autre. Comme on l'a dit, la jalousie est là pour que les choses ne changent pas. C'est la finalité de la jalousie — que les choses ne changent pas. C'est pour que la structure physique de la réalité de personne ne change. C'est différent de l'envie, que les gens ont mésidentifiée et mésappliquée comme de la jalousie. L'envie c'est vouloir ce que quelqu'un d'autre a. La jalousie, c'est « Je ne veux pas que les choses changent. »

La plupart d'entre nous mésidentifient et mésappliquent que nous sommes jaloux alors que nous voulons simplement ce que quelqu'un d'autre a. Nous pensons que ce que l'autre a serait plus fun que ce que semblons avoir, qui est moins fun que ce qu'on aurait si on était prêt à l'avoir.

> Tout ceci, fois un dieulliard, vas-tu le détruire et le décréer totalement ? Right and Wrong, Good and Bad, POD and POC, All 9, Shorts, Boys and Beyonds.

Participante : J'ai demandé à ma mère de me parler du sexe quand j'avais dix-neuf ans. Elle a rougi et n'osait pas me regarder. Elle m'a dit qu'on en parlerait quand je me marierais. J'ai perdu ma virginité avec mon premier petit ami qui est maintenant mon mari, et pas d'une façon très délicate. J'ai détesté ça, et je n'ai jamais pris plaisir au sexe. Je me suis toujours sentie comme un objet sexuel.

Gary : Si tu fais le sexe à partir d'un univers d'implant distracteur, tu ne prends jamais plaisir avec ton corps. Tu es un objet. Tu considères le sexe en tant qu'objet et avec des jugements sur le sexe. Indéniablement.

> Combien de « jugements indéniables » as-tu à propos du sexe qui t'empêchent de prendre totalement plaisir à ton corps ? Tout ceci, fois un dieulliard, vas-tu le détruire et le décréer totalement ? Right and Wrong, Good and Bad, POD and POC, All 9, Shorts, Boys and Beyonds.

Participant : Comment le sexe est-il un implant distracteur ? Je reconnais que quand on n'aime pas le sexe, cela nous distrait d'être présents. Mais si tu en veux tout le temps ou si c'est comme drogue? Peux-tu parler de ça?

Dain : Eh bien, c'est la sexualité des choses — c'est comme une drogue qui t'éloigne de toi-même. C'est là où tu veux ça tout le temps, où tu en as besoin tout le temps. Cela ramène à l'idée que la sexualité est un endroit où tu n'es pas capable de te recevoir en totalité. Quand le sexe devient une drogue, c'est « Oh waouh ! C'était tellement bon quand j'ai couché avec cette personne ! Je me sens si bien quand j'ai des gens avec qui coucher ! Je me sens si bien quand ils couchent avec moi. »

C'est la sexualité qui est invoquée dans ce scénario, pas la *sexualness* qui t'emmène au-delà de l'implant distracteur du sexe. Que n'es-tu pas dans ce scénario, qui si tu étais prêt à l'être, changerait ta relation à la situation ?

Dain : Est-ce que ça t'aide ?

Participant : Oui, et c'est comme s'il y avait deux choses en jeu, comme les bandes de Möbius et les particules quantiques.

Gary : Tu ne peux être en opposition avec toi-même que si tu crées deux choses qui sont en opposition entre elles.

Participant : Et comment est-ce que ça fonctionne ?

Gary : Vérité, aimes-tu le sexe ?

Participant : Oui.

Gary : Oui, alors que va-t-il se passer ? C'est seulement en maintenant l'opposition à toi-même que tu pourras maintenir en existence l'endroit où tu n'es pas capable d'être. Tous ces implants distracteurs, et leur autre côté, te font penser que tu les as, et que si tu ne les as pas tu es en tort. Ils te maintiennent dans un état constant d'opposition qui t'empêche d'être vraiment toi. Tu aimes le sexe et si quelqu'un prend vraiment plaisir au sexe, est-ce que toi et ton corps vous vous allumez ?

Participant : Oui.

Gary : Oui. La majorité du monde utilise le sexe pour créer le jugement pour pouvoir créer l'excitation sexuelle, ce qui est très différent de ce dont je parle. Tu dois arriver au point où tu te demandes « Est-ce que j'aime le sexe ? Oui ou non ? »

Participant : Oui.

Gary : OK, alors il faudra que tu sois allumé par le corps de quelqu'un d'autre qui est allumé. C'est ça le sexe pour toi. Et si quelqu'un n'utilise pas le jugement pour créer l'excitation sexuelle, tu découvriras probablement que toi et ton corps serez plus allumés que quatre-vingt-dix-neuf pour cent des gens.

Participant : Oui.

Gary : Alors, la bonne nouvelle c'est que tu es juste une débauchée.

Participant : (Rires) J'imagine que ma question concerne le fait d'être présent dans l'intensité de la débauche.

Gary : Oui, je comprends. Tu dis que si tu entres dans ces implants distracteurs, tu vas ressentir de la lourdeur et de la contraction. C'est l'endroit où tu entres dans l'implant distracteur au lieu d'entrer dans la possibilité que l'intensité de la conscience te donne.

Participant : Donc, il s'agit plus de l'intensité de la conscience que je sais être possible ?

Gary : Oui, tu dois être prête à demander : « Est-ce une intensité expansive ? Ou est-ce une intensité qui contracte ? » Si elle contracte, c'est un implant distracteur. Si c'est expansif, ça ne l'est pas.

Participant : Il faut juste que je devienne plus grande.

Gary : Ouaip.

Participant : Cool.

La dépression

Participant : J'ai été surprise de voir que la tristesse et la dépression n'étaient pas des implants distracteurs. La dépression, surtout, a une qualité de bande de Möbius. Je suis sortie récemment d'un épisode dépressif et je me suis souvenue qu'on en parle parfois comme de la colère tournée vers l'intérieur.

Gary : Est-ce une vérité ? Ou est-ce un mensonge qu'on raconte pour essayer de te faire croire que la dépression est réelle pour toi ? En général, la dépression est ta conscience des trucs de quelqu'un d'autre. Vérité, as-tu grandi avec quelqu'un qui était tout le temps déprimé ?

Participant : Non.

Dain : Est-ce que c'est vrai ?

Gary : Tu viens de me mentir.

Participant : Eh bien, ma mère n'était pas déprimée tout le temps. Elle a eu de la dépression qu'elle a reconnue plus tard, mais elle ne réalisait pas qu'elle était en dépression quand j'ai grandi.

Gary : Non. Elle ne l'a pas reconnu comme de la dépression quand tu étais enfant. Elle a été déprimée toute sa vie. Et elle a probablement acheté ça de quelqu'un de déprimé qu'elle connaissait.

Participant : Probablement.

Dain : As-tu remarqué comme elle s'est allégée quand tu as dit ça ?

Gary : La réalité est que tu as grandi avec quelqu'un qui était déprimé et tu as passé toute ta vie à essayer de lui enlever la dépression. Oui ou non ?

Participant : Je ne me souviens pas concrètement de ça, mais j'ai eu un oui.

Gary : Ce n'est pas une question de mémoire ; tu dois fonctionner à partir des prises de conscience. Quand tu as dans ton entourage quelqu'un qui est déprimé, tu essaies de lui enlever la dépression, mais il ne te laisse pas faire, alors tu passes ta vie entière à essayer d'enlever la dépression des autres. Et ça ne fonctionne jamais.

Tout ce que tu as fait pour essayer de prendre la tristesse et la dépression des autres pour les faire tiennes, vas-tu détruire et décréer tout cela, fois un dieulliard, s'il te plaît ? Right and Wrong, Good and Bad, POD and POC, All 9, Shorts, Boys and Beyonds.

Je veux que tu comprennes ceci — tu es fondamentalement heureuse. Quand tu prends la tristesse et la dépression des autres, comment est-ce que ça fonctionne pour toi ?

Participante : (Rires)

Gary : Il est bien possible que ça s'applique aussi à quelques-uns d'entre vous. Vous avez peut-être cet affreux problème appelé « Fondamentalement, je suis heureux. »

Partout où tu as eu ce problème, vas-tu le détruire et le décréer totalement ? Right and Wrong, Good and Bad, POD and POC, All 9, Shorts, Boys and Beyonds.

Dain : Les gens te diront « La dépression, c'est de la colère tournée vers l'intérieur » ou « c'est ceci et cela. » Ils ne considèrent pas les choses à partir de la légèreté d'être qui existe en réalité. Ils considèrent les choses du point de vue de cette réalité.

Gary : Ils n'essaient pas de remettre les choses en question. Ils essaient de tirer une conclusion ou de trouver une réponse.

Dain : Comme si tirer la bonne conclusion allait les aider à changer les choses. Et si en fait la dépression n'était pas un problème ? Et si la dépression pour toi c'était comme les TDA, TDAH, TOC et l'autisme qu'ont les enfants avec lesquels on travaille ? On leur dit que ce n'est pas un problème ; c'est une grandeur que cette réalité ne reconnaît pas.

Gary : Si tu reconnaissais vraiment la grandeur de toi et ta capacité à être heureuse, tu devrais en fait être heureuse. Alors, arrête ça.

Dain : Et si tu devais reconnaître que tu es plus consciente que les gens qui te disent à quel point tu es foutue, ça serait vraiment mal parce que tu ne devrais plus gober tout ça.

Participant : Personne ne me dit que je suis foutue. C'est moi qui me le dis à moi-même.

Gary : Eh bien, ça, c'est cool. Tu peux te raconter ça toute la journée ; les autres ne peuvent te le dire qu'une fois par jour.

C'est OK d'être heureux

Participant : J'ai des vagues de nausée et j'ai envie de pleurer et je ne sais pas pourquoi. Peux-tu faire un déblayage avec moi s'il te plaît ?

Gary : Chérie, chérie, est-ce que ça t'appartient vraiment ?

Participant : Non, c'est ce que je sens.

Gary : Ce n'est pas parce que tu le sens que c'est réel. C'est le même problème terrible dont on parlait à propos de la dernière question. Ça s'appelle « En fait, tu es heureuse. »

Participant : (Rires)

Gary : La bonne nouvelle c'est que, comme tu ressens le malheur des autres, tu supposes que ça doit être à toi.

Participant : Tu as raison, merci.

Gary : Avec plaisir.

> Tous ceux parmi vous qui essaient de se rendre aussi malheureux que les autres, pour pouvoir être malheureux comme ils ont décidé devoir l'être, pour pouvoir être comme les autres, pour pouvoir être aussi misérable que tout le monde qui pense que c'est juste d'être misérable, de sorte qu'ils n'ont pas à être aussi différents de ce qu'ils sont en réalité et aussi heureux tout le temps alors que tout le monde est misérable, de sorte qu'ils n'aient pas besoin de leur dire comme ils sont heureux,

allez-vous détruire et décréer tout cela ? Right and Wrong, Good and Bad, POD and POC, All 9, Shorts, Boys and Beyonds.

Dain :

Quelle actualisation physique de la maladie interminable du mensonge et de la vérité de la paix ne reconnais-tu pas comme la perfection de la création et la destruction simultanées de l'amour, du sexe, de la jalousie comme l'amoindrissement total et absolu de l'espèce humaine qui mène à l'oubli et à l'annihilation d'être totalement ? Tout ceci, fois un dieulliard, vas-tu le détruire et le décréer totalement ? Right and Wrong, Good and Bad, POD and POC, All 9, Shorts, Boys and Beyonds.

Participant : J'ai remarqué que c'étaient souvent des humanoïdes qui avaient de la dépression. Ils ne savent pas que c'est OK d'être eux. Ils coupent cette part d'eux-mêmes.

Gary : C'est comme une jungle et c'est OK d'être heureux.

Participant : Oui, et si on pouvait être soi, et ne pas essayer de se caser dans leur vie ? Waouh, vraiment ? OK !

Gary :

C'est plus fun d'être malheureux que d'être heureux. C'est forcément ça, parce que tout le monde le fait. Pourquoi pas toi ? Tout ceci, fois un dieulliard, vas-tu le détruire et le décréer totalement ? Right and Wrong, Good and Bad, POD and POC, All 9, Shorts, Boys and Beyonds.

Dain :

Quelle actualisation physique de la maladie interminable du mensonge et de la vérité de la paix ne reconnais-tu pas comme la perfection de la création et la destruction simultanées de l'amour, du sexe, de la jalousie comme l'amoindrissement total et absolu de l'espèce humaine qui mène à l'oubli et à l'annihilation d'être totalement ? Tout ceci, fois un dieulliard, vas-tu le détruire et le décréer totalement ? Right and Wrong, Good and Bad, POD and POC, All 9, Shorts, Boys and Beyonds.

Participant : Comment puis-je avoir l'amour comme choix et pas une nécessité ?

Gary : Ce n'est pas une question. C'est une déclaration avec un point d'interrogation à la fin. Ce que tu devrais te demander c'est : « Est-ce que je fais ceci par nécessité ou est-ce que je le fais par choix ? » Si tu aimes quelqu'un par choix, et pas par nécessité, y aurait-il une possibilité différente dans ta vie ? Absolument pas… ou justement peut-être bien que si !

Participant : Quand le sexe et l'amour sont-ils des implants distracteurs et quand ne le sont-ils pas ?

Gary : Le sexe et l'amour sont toujours des implants distracteurs parce qu'il ne s'agit jamais de « Oh, est-ce que j'ai envie de faire ça ? » ou « Est-ce que je n'ai pas envie de faire ça ? » ou « De quoi ai-je besoin pour sortir de ceci ? » Ça, c'est un choix. Est-ce que c'est une nécessité que cette personne m'appelle le matin ? Oui ou non ? Non ? OK cool ! « C'était fun ! Merci beaucoup. À bientôt — bye bye. »

Participant : Comment est-ce que ça se présente, et comment ça nous sort de la conscience ? J'ai rencontré un gars récemment. Mon corps semble vraiment s'allumer en sa présence, mais quand je ne le vois pas, je ne prends pas la peine de rester en contact.

Gary : C'est ce qu'on appelle du bon sexe. Tu as raison. Ne te tracasse pas. Il a une seule idée en tête et toute son attention est portée sur l'aspect physique de qui vous pourriez être l'un pour l'autre. Ignore-le et prends plaisir au sexe.

Participant : Peux-tu parler de ma situation particulière et comment est-ce un implant distracteur ou pas ?

Gary : Ce n'est pas un implant distracteur si tu y prends simplement plaisir et que tu n'as pas besoin d'y penser après. Si tu y penses tout le temps, c'est un implant distracteur. De grâce, saisis ceci : si tu dois y penser tout le temps, c'est un implant distracteur, si tu dois y penser tout le temps, c'est un implant distracteur, si tu dois y penser tout le temps, c'est un implant distracteur.

Si tu dois y penser tout le temps, c'est un implant distracteur. Et si tu ne sens aucune énergie, tu es dans l'implant distracteur.

Participant : J'aime le sexe et je ne suis pas prêt à y renoncer.

Gary : Qui a dit que tu devais y renoncer ?

Dain : Exactement.

Participant : Comment avoir le sexe dans ma vie sans que ce soit un distracteur ?

Gary : Exactement comme tu le fais. Si tu peux dire « Merci beaucoup ! À bientôt ! » alors, tu ne le fais pas à partir d'un implant distracteur.

> Tout ce que ça a fait remonter pour tout le monde, allez-vous le détruire et le décréer, fois un dieulliard ? Right and Wrong, Good and Bad, POD and POC, All 9, Shorts, Boys and Beyonds.

Participant : J'ai entendu l'un de vous dire qu'il y a des centaines de façons d'aimer quelqu'un. Cela m'a aidé à comprendre que ma mère ne m'aimera jamais comme j'ai « besoin » qu'elle m'aime. Alors, je dois chercher cela ailleurs, j'ai essayé de m'aimer moi, principalement en réduisant le jugement de moi-même. Y a-t-il autre chose que je puisse faire ?

Gary : Les implants distracteurs créent le jugement. C'est leur but unique. Si tu fais l'amour de toi, le sexe avec toi, la paix avec toi, la jalousie avec toi, ou la jalousie avec n'importe qui, tu n'es pas vraiment. La finalité des implants distracteurs est de t'empêcher d'être, et l'amour est l'une des choses qui t'empêche d'être parce que si tu étais, tu n'aurais que de la gratitude ; tu n'aimerais pas.

> Tout ceci, fois un dieulliard, vas-tu le détruire et le décréer totalement ? Right and Wrong, Good and Bad, POD and POC, All 9, Shorts, Boys and Beyonds.

Participant : J'ai un implant distracteur qui s'appelle « mais ». Il me distrait tout le temps. Est-ce que le « mais » pourrait être un assistant des distracteurs ?

Gary : « Mais » est une justification pour tout ce que tu choisis. C'est ce que tu utilises pour justifier ce que tu choisis comme si justifier ce que tu choisis allait te mener aux prises de conscience de ce que tu choisis, comme si ce que tu choisissais était juste et « mais » est la façon qui te permet d'avoir raison et jamais tort.

Dain : Il faut que je dise une évidence ici : si ta tête est tellement enfoncée dans ton « mais » (*cul* en anglais – *mais* se dit *but* et *cul* se dit *butt*), ça pourrait être une distraction à savoir où tu vas.

Participants : (Rires)

Dain : Fallait que je le dise, désolé.

> Quelle actualisation physique de la maladie interminable du mensonge et de la vérité de la paix ne reconnais-tu pas comme la perfection de la création et la destruction simultanées de l'amour, du sexe, de la jalousie comme l'amoindrissement total et absolu de l'espèce humaine qui mène à l'oubli et à l'annihilation d'être totalement ? Tout ceci, fois un dieulliard, vas-tu le détruire et le décréer totalement ? Right and Wrong, Good and Bad, POD and POC, All 9, Shorts, Boys and Beyonds.

Participant : J'ai remarqué que quand mon mari regarde d'autres femmes et pense qu'elles sont attrayantes, je suis parfois jalouse. Comment changer ça ?

Gary : Quand ça arrive, ramène-le à la maison et baise-le à la folie tout de suite. Voilà comment tu peux changer la situation.

Dain : Mais avant de faire ça, dis-lui « C'est ce que Gary et Dain m'ont recommandé. » Et comme ça il nous aimera bien aussi.

Participants : (Rires)

Participant : J'aimerais pouvoir avoir point de vue intéressant sur cette situation, mais quand ça arrive, je me compare aux autres femmes – et je suis toujours le loser. Je me sens moche et pas à la hauteur et je déteste les femmes dont j'ai décidé qu'elles étaient plus jolies, plus sexy et plus intelligentes.

Gary : Il y a quelque chose que tu ne saisis pas. Ton mari utilise les autres femmes pour se stimuler. Il est un stimulateur. Si tu veux que ça fonctionne pour toi, quand il se stimule, demande « Est-ce que tu aimerais coucher avec celle-là ? Est-ce que tu aimerais coucher avec celle-là ? Est-ce que tu aimerais coucher avec celle-là ? Est-ce que tu voudrais qu'on rentre à la maison et qu'on couche ? »

Oui parce qu'il ne peut pas les avoir et il t'a déjà, toi. Il préfère de loin t'avoir toi, parce qu'il est déjà avec toi. Ah la la, tu es une idiote.

Dain : Il y a encore un point que tu pourrais considérer. Ça peut paraître un peu bizarre, mais essaie et vois si tu peux avoir des prises de conscience par rapport à ça. Dans quelle mesure est-ce que c'est toi qui a envie de faire l'amour avec les femmes qu'il regarde, et tu te sens-tu exclue de ça ? En d'autres termes, il y a une énergie de compétition qui est exacerbée si tu ne reconnais pas que quelque part dans ton monde, leur corps et qui elles sont ou leur apparence te stimule aussi.

Je sais que ça peut paraître bizarre, mais c'est l'un des grands aspects du sexe en tant qu'implant distracteur. Tu les regardes et tu te dis « Elles ont un corps de femme et je ne suis pas homosexuelle et ça ne s'applique pas et je ne peux pas aller là, bla, bla, bla. »

Devine quoi ? Avec n'importe qui qui a de l'attraction, qui tire l'énergie, qui a de la sensualité, si tu es vivante, ton corps sera allumé.

Gary : Et si tu n'es pas vivante, tu ne seras pas allumée, et alors tu pourrais tout aussi bien aller te tuer.

Dain : Le sexe que tu n'es pas prête à avoir avec quelqu'un crée parmi les plus grands murs et les plus grandes barrières si tu ne t'autorises pas à t'en imprégner ou à le reconnaître. Quand tu t'autorises à t'imprégner de quelque chose, tu prends conscience de l'énergie qui serait créée par le choix que tu fais. Vois si c'est là. Essaie. Reconnais que ça pourrait être là. Puis demande : « Comment ça serait si j'étais là ? » Imprègne-toi de ça pendant quelques minutes et observe si tu es prête à baisser ces barrières et si tu te sens plus toi-même.

Gary : Eh bien, je déteste devoir vous dire que nous sommes au bout de notre temps.

Vous n'êtes pas obligés d'avoir amour, sexe, jalousie et paix. Vous pouvez vraiment avoir les questions, les possibilités et la contribution.

> Quelle contribution l'implant distracteur est-il dans votre vie et quel amoindrissement de votre vie est-il ? Est-ce qu'une contribution à l'amoindrissement de vous est ce que vous voulez vraiment avoir ? Tout ceci, fois un dieulliard, vas-tu le détruire et le décréer totalement ? Right and Wrong, Good and Bad, POD and POC, All 9, Shorts, Boys and Beyonds.

J'espère que ceci vous aide tous. S'il vous plaît, soyez clairs sur le fait que ces implants distracteurs ne sont pas dans votre meilleur intérêt. Ils sont conçus pour vous diminuer et vous pousser à vous juger.

Si vous allez dans quoi que ce soit du type amour, sexe, jalousie ou paix du point de vue du jugement de vous de ne pas les avoir été, faits, eus ou générés, vous fonctionnez à partir des implants distracteurs. POC et PODez toute cette merde et allez de l'avant.

Dain : Nous vous avons donné beaucoup de matière à méditer durant cet appel, alors, s'il vous plaît écoutez-le encore, parce que cela changera énormément de choses pour vous.

Gary : Et continuez à faire utiliser ces processus. Mettez-les en boucle !

CHAPITRE CINQ
Vie, vivre, mort et réalité

Gary : Bonjour tout le monde. Aujourd'hui, nous allons parler des implants distracteurs vie, vivre, mort et réalité.

La vie

La *vie*, c'est ce que tu poursuis continuellement sur la planète Terre comme si, si tu avais tout bon, alors tu aurais une vie. Mais quand tu essaies d'avoir tout bon, tu dois être dans le jugement vingt-quatre heures sur vingt-quatre, sept jours sur sept.

> Partout où tu as cherché la vie comme si, si tu pouvais avoir tout bon, tu pourrais avoir une vie, comme si c'était ce que tu voulais vraiment et que tout allait se mettre en place. Tout ceci, fois un dieulliard, vas-tu le détruire et le décréer totalement ? Right and Wrong, Good and Bad, POD and POC, All 9, Shorts, Boys and Beyonds.

Apparemment vous avez tous fait ça plutôt bien. Vous essayez de trouver votre vie à travers la justesse ou le tort de celle-ci.

> Quelle actualisation physique de la maladie mortelle et éternelle de la génération, la création et l'institution ne reconnais-tu pas comme la limitation définitive de la vie sur la planète Terre ? Tout ceci, fois un dieulliard, vas-tu le détruire et le décréer totalement ? Right and Wrong, Good and Bad, POD and POC, All 9, Shorts, Boys and Beyonds.

> Combien d'entre vous réalisent qu'en essayant d'avoir une vie, vous avez essayé de définir la vie sans avoir aucune idée de ce que cela si-

gnifiait d'avoir une vie tout en prétendant que si vous pouviez le comprendre, vous sauriez ce qu'est la vie ? Mais vous n'auriez toujours pas de vie parce que la plupart du temps vous ne vous préoccupez pas de la générer, créer et instituer. Et c'est ce que la vie et vivre sont véritablement. C'est-à-dire la capacité à effectuer des choix génératifs, créatifs et institutifs. Tout ceci, fois un dieulliard, allez-vous le détruire et le décréer totalement ? Right and Wrong, Good and Bad, POD and POC, All 9, Shorts, Boys and Beyonds.

Participant : Que sont les limitations définitives, Gary ?

Gary : Les limitations définitives, c'est essayer de définir tout. « J'aurai une vie avec x, y, z. » « J'aurai une vie si j'ai assez d'argent. » « J'aurai une vie si j'ai une relation parfaite. » « J'aurai une vie si j'ai une bonne relation. » « J'aurai une vie si je fais comme tout le monde. » « J'aurai une vie si j'ai une relation tout court. » « J'aurai une vie si j'ai un bon business. » « J'aurai une vie si je fais comme tout le monde. » Ce sont tous les « si » que nous utilisons pour essayer de définir la vie plutôt que de demander : « Qu'est-ce que j'ai réellement comme choix, question, possibilité ou contribution ici ? » C'est un autre univers.

Participant : Est-ce que nous définissons les limitations ?

Gary : Oui, pour pouvoir avoir une limitation, nous devons la définir.

Participant : C'est la première fois que je t'entends dire ça, Gary. Merci !

Gary : Oh, ça fait une éternité que je dis que la définition est une limitation par définition.

Participant : C'est la première fois que je l'entends. Ça fait sens, parce que si tu as une limitation, en fait, c'est une définition.

Gary : Oui. Pour avoir une limitation, quelle qu'elle soit, tu dois pouvoir définir quelque chose. Tout ce que tu définis devient la limitation que tu ne peux pas changer.

Participant : Toute ma vie est faite de limitations ! Les définitions de ce que je pense que ma vie peut être, pourrait être, ne pourrait pas être, sera et ne sera pas.

Gary : Oui, et ça n'a rien à voir avec le choix véritable.

Quelle actualisation physique de la maladie mortelle et éternelle de la génération, la création et l'institution ne reconnais-tu pas comme la limitation définitive de la vie sur la planète Terre ? Tout ceci, fois un dieulliard, vas-tu le détruire et le décréer totalement ? Right and Wrong, Good and Bad, POD and POC, All 9, Shorts, Boys and Beyonds.

Quelle actualisation physique de la maladie mortelle et ambiguë du choix, de la question, de la possibilité et de la contribution ne reconnais-tu pas comme les facteurs déterminants pour vivre selon les règles de la planète Terre ? Tout ceci, fois un dieulliard, vas-tu le détruire et le décréer totalement ? Right and Wrong, Good and Bad, POD and POC, All 9, Shorts, Boys and Beyonds.

Les gens se définissent par un millier de choses différentes. J'étais dans un avion ce matin et des gens m'ont dit « Vous pouvez passer devant moi. »

J'ai répondu « Je n'ai pas besoin de passer devant vous. Merci. » J'ai réalisé qu'ils me voyaient comme plus vieux qu'eux, et ils ont alors supposé que je devais passer avant eux. Puis, il y avait des gens qui avaient décidé que puisqu'ils étaient en classe business, ils devaient passer devant moi. « Excusez-moi, qui vous a fait Dieu, juste parce que vous êtes en classe business ? »

Il y a les définitions par lesquelles les gens déterminent ce qu'ils vont choisir dans la vie, comme les facteurs déterminants de la vie.

Participant : Est-ce que la vie est une limitation et vivre une énergie définitive Gary ?

Gary : Quand tu essaies de définir ce qui va créer ta vie, es-tu vraiment dans le processus de création et de génération ?

Participant : Non.

Gary : Non. Tu es dans le processus de définition, ce qui valide les limitations que tu as. Cela valide les limitations que tu expérimentes et cela ne te permet pas de choisir quelque chose de différent.

Participant : Cela me maintient à « Limitation-ville ».

Gary : Oui, par exemple, là où on vit, c'est la définition de notre classe sociale — si nous avons une définition des classes sociales. Nous avons une définition de la voiture que nous conduisons. Toutes ces choses sont des facteurs définissants qui déterminent comment on se montre aux autres, et qui n'est pas nécessairement vrai.

Participant : Exact.

Gary : J'aime vivre dans une maison agréable et dans un joli quartier parce que c'est plus facile. Plus facile que quoi ? Plus facile que de vivre dans un ghetto. Pourquoi, parce que dans les ghettos, les gens ont un élément défini de ce qu'ils pensent que la vie est et tout revient à s'assurer d'avoir sa part avant que quelqu'un d'autre ne la prenne. C'est un niveau de limitation incroyable qu'ils supposent être vrai.

Pourquoi certaines personnes sont-elles capables de sortir du ghetto et pourquoi d'autres n'en sortiront jamais ? À cause de l'élément définissant qu'ils appellent la vie.

Participant : Si tu vis dans un beau quartier, est-ce que c'est aussi une espèce de limitation ?

Gary : Pas nécessairement. Mais vivre dans le ghetto non plus.

Je connais une dame qui vit sur une quarantaine d'hectares. Elle sort et s'assied sous son porche et écoute les oiseaux et le carillon et elle profite de ce qu'elle appelle sa belle vie. Sa vie se résume à ça et aux chevaux. Elle ne sort pas du royaume de confort qu'elle a défini comme la vie qu'elle a toujours voulu avoir.

Dain : Je vais te donner un autre exemple.

Dain : Quand j'étais enfant, je vivais dans un ghetto, et il y avait une dame qui était ma source d'espoir. Elle était la mère d'un de mes copains.

C'était une belle femme gentille et attentionnée. Elle vivait dans le ghetto, mais le ghetto ne vivait pas en elle. J'allais chez elle après l'école.

Je subissais d'atroces abus dans la maison où je vivais. Par exemple, je n'avais pas le droit de manger. Quel petit enfant n'est pas autorisé à manger dans sa propre maison ? Alors j'allais chez mon copain après l'école et sa maman me donnait à manger des tortillas maison et elle me disait que tout irait bien.

Quand tu vis vraiment, il y a l'élément définissant de la vie et il y a l'exigence de vivre en dépit de tout. C'est là la différence. Cette femme était un exemple de cela. Elle m'a aidé à traverser la vie là-bas. Je ne sais pas si j'aurais survécu sans sa présence là.

Gary : Super exemple, Dain. Combien d'entre vous ont défini ce que devrait être leur vie s'ils avaient la vie qu'ils aimeraient avoir ? Et est-ce que vous essayez de baser vos choix sur la définition de la vie que vous avez décidé que vous aimeriez avoir et qui n'a rien à voir avec ce qui se passe réellement dans le monde ou dans votre vie ?

Vivre

Passons à *vivre*. *Vivre* c'est l'acte qu'on pose à chaque instant de chaque jour. Le point de vue de la dame qui avait les chevaux et quarante hectares était qu'elle avait la vie qu'elle avait toujours voulu. Son idée de vivre, c'était de sortir de son ranch pour faire des choses qui n'avaient rien à voir avec le ranch. Elle appelait ça son « temps de vie. »

> Qu'as-tu défini comme ton « temps de vie » ? Tout ceci, fois un dieulliard, vas-tu le détruire et le décréer totalement ? Right and Wrong, Good and Bad, POD et POC, All 9, Shorts, Boys and Beyonds.

Vous avez beaucoup de définitions de votre temps de vie. Et votre temps pour vivre. Je vois des gens qui créent des définitions « Quand je prendrai ma retraite... alors je vivrai. Je pourrai faire tout ce que je veux. » Pour eux, vivre commence à la retraite. Est-ce que ça va vraiment créer la vie que vous voulez ? Ou est-ce qu'autre chose est possible ?

Quelle actualisation physique de la maladie mortelle et ambiguë du choix, de la question, de la possibilité et de la contribution ne reconnais-tu pas comme les facteurs déterminants pour vivre selon les règles de la planète Terre ? Tout ceci, fois un dieulliard, vas-tu le détruire et le décréer totalement ? Right and Wrong, Good and Bad, POD and POC, All 9, Shorts, Boys and Beyonds.

Dain :

Quelle actualisation physique de la maladie mortelle et ambiguë du choix, de la question, de la possibilité et de la contribution ne reconnais-tu pas comme les facteurs déterminants pour vivre selon les règles de la planète Terre ? Tout ceci, fois un dieulliard, vas-tu le détruire et le décréer totalement ? Right and Wrong, Good and Bad, POD and POC, All 9, Shorts, Boys and Beyonds.

Participant : Les facteurs déterminants pour vivre sur la planète Terre — peux-tu approfondir ça ?

Gary : Tout le monde essaie de te dire comment tu es censé vivre. Vivre égale quoi, sur la planète Terre ? Cela n'égale pas l'actualisation du choix, de la question ou des possibilités. Il ne s'agit jamais de vivre à partir de la question. Il s'agit toujours de vivre à partir de la réponse. C'est la limitation à partir de laquelle nous essayons de fonctionner. Nous disons « Si seulement je pouvais avoir la bonne réponse, si je pouvais juste comprendre ça, j'aurais la vie que je veux et je vivrais comme je veux. »

Choisir de vivre comme tu le voudrais vraiment, c'est un univers totalement différent.

Participant : Peux-tu approfondir ?

Gary : La vie est une question d'accomplissement. Vivre, c'est ce que tu fais pour accomplir les résultats que tu désires avoir.

Un gars à qui j'achète de l'or m'a appelé aujourd'hui et me dit « Es-tu par ici ? J'ai des choses intéressantes. »

J'ai dit « Pas avant le 17. Peux-tu les mettre de côté ? » Il a répondu « J'ai besoin d'argent. »

J'ai dépensé beaucoup d'argent chez lui ces derniers mois et je sais qu'il a plus de liquidités disponibles que jamais auparavant dans sa vie. Je suis la source principale pour ce qu'il vend. Et Dieu sait pourquoi, il s'énervait du fait que je n'étais pas là pour lui acheter des choses. Il doit trouver un autre moyen de gérer les choses, mais au lieu de ça, il a commencé à viser la vie qu'il veut. Il s'est trouvé une femme-trophée, donc il a quelqu'un qui est prêt à cuisiner, faire le ménage et prendre soin de lui. Il a aussi créé l'idée que maintenant qu'il me vend beaucoup de choses, il peut vivre. Donc, il vit à un niveau supérieur de ce qu'il a vécu depuis longtemps et il considère encore cela comme moins que la façon dont il sait qu'il devrait vivre. Peux-tu nous refaire le processus, Dr Dain ?

Dain :

> Quelle actualisation physique de la maladie mortelle et ambiguë du choix, de la question, de la possibilité et de la contribution ne reconnais-tu pas comme les facteurs déterminants pour vivre selon les règles de la planète Terre ? Tout ceci, fois un dieulliard, vas-tu le détruire et le décréer totalement ? Right and Wrong, Good and Bad, POD and POC, All 9, Shorts, Boys and Beyonds.

Participant : Est-ce que la vie et vivre sont tous deux des implants distracteurs ?

Gary : Oui, ce sont tous les deux des implants distracteurs parce qu'ils vous distraient de la génération, la création et l'institution et ils vous distraient du choix, de la question et des possibilités.

Dain : Et c'est pour ça qu'il y a si peu de gens qui croient qu'ils ont le choix. Essentiellement, c'est comme si on n'avait pas le choix. C'est comme si on vivait dans un univers sans choix, même si le choix est notre capacité la plus dynamique.

Participant : Es-tu en train de dire que dans le choix, il n'y a ni vie ni vivre ?

Gary : Dans le choix, il y a une génération et une création constantes.

Dain : Et dans le choix, il n'y a pas de conclusion. Il n'y a pas de point de vue conclu à propos de ce qui peut être. Il n'y a que le choix et les possibilités qui pourraient être, sur la base de la question de ce qui pourrait être une contribution à quelque chose de différent.

LA MORT

Participant : Et ça s'imbrique en quelque sorte aussi avec la mort et mourir à cause de la complétude.

Gary : C'est l'idée. Il y a complétude et alors la mort arrive. Il faut que vous compreniez ceci :

- La finalité de toutes les questions est de créer des prises de conscience — pour avoir plus de conscience.
- La finalité de tous les choix est d'avoir des prises de conscience.
- Le choix est la possibilité d'avoir des prises de conscience sur ce qui pourrait effectivement se passer.
- La génération et la création, c'est considérer les choix, les possibilités et l'énergie qui vont exister suite à vos choix.

Participant : Donc quand les gens disent « Les seules choses sur lesquelles on puisse compter, c'est la mort et les impôts », c'est comme dire qu'on naît pour mourir. On naît dans un implant distracteur.

Gary : C'est la règle de la vie. Ici, sur la planète Terre, la vie c'est de la naissance à la mort. C'est ce qu'on considère comme le cycle de la vie. C'est comme ça que vous vous retrouvez là-dedans. La mort devient la fin du cycle de l'action de vivre. Tu vis pour mourir.

Participant : Personne ne remet ça en question.

Gary : Non, c'est indéniable. C'est LA chose que tout le monde prend pour argent comptant. Ce qui est sûr, c'est que tu vas vivre et que tu vas mourir. Ce sont les certitudes de la vie et de vivre sur la planète Terre. C'est la règle pour vivre et la définition de la vie. Vous avez défini la limitation de la vie, c'est-à-dire que vous vivez et avez une vie jusqu'à ce que vous mouriez. Et la règle pour vivre, c'est que vous vivez jusqu'à ce que vous mouriez. Et ainsi, la mort devient le distracteur suivant. Combien d'énergie est utilisée pour éviter la mort sur la planète Terre ? Beaucoup, un peu ou des mégatonnes ?

Participants : Des mégatonnes !

Gary :

> Tout ce que vous avez fait pour éviter ça, allez-vous le détruire et le décréer totalement ? Right and Wrong, Good and Bad, POD and POC, All 9, Shorts, Boys and Beyonds.

Participants : Pourquoi est-ce que vieillir n'est pas un implant distracteur ?

Gary : Ça fait partie de vivre. Tu dois vieillir… et mourir.

Participant : Oh !

Dain : Quelques éléments à propos de la mort : d'abord il y a une telle résistance à la mort ici. Et tout ce à quoi tu résistes, tu le crées avec plus d'intensité. Beaucoup de gens résistent à la mort tout en créant tout le non-choix et le non-vivre à partir duquel ils fonctionnent. Ils choisissent la mort tout en y résistant. Ils la verrouillent dans les deux sens.

Participant : Qu'est-ce que la maladie ambiguë ? Peux-tu parler de ça ?

Gary : Quand tu commences à faire ce qui fonctionne vraiment pour toi, est-ce que tu es ambigu là-dessus ? Ou bien est-ce que tu sais instantanément que c'est ce que tu as ? Tu es ambigu. Tu es ambigu sur ce que tu peux choisir, comme si tu n'allais plus vivre, comme si tu allais mourir si tu faisais le mauvais choix. Je choisis de prendre huit millions de flacons de compléments alimentaires parce que c'est ça choisir de vivre ? Est-ce que ça aide ?

Participant : Oui, c'est tellement insidieux. Ça te prend. C'est presque comme si le contraire de résister c'était que ça te prenne. Vieillir et mourir et tout ça semble ambigu. C'est comme si tu doutais de la possibilité de la vie indéfinie.

Gary :

> Quelle actualisation physique de la maladie mortelle et totalement corrosive et corruptrice de la vie indéfinie et de vivre indéfiniment ne reconnais-tu pas comme l'élément destructeur de la mort comme le seul choix de ta réalité ? Tout ceci, fois un dieulliard, vas-tu le détruire et le décréer totalement s'il te plaît ? Right and Wrong, Good and Bad, POD and POC, All 9, Shorts, Boys and Beyonds.

Dain :

> Quelle actualisation physique de la maladie mortelle et totalement corrosive et corruptrice de la vie indéfinie et de vivre indéfiniment ne reconnais-tu pas comme l'élément destructeur de la mort comme le seul choix de ta réalité ? Tout ceci, fois un dieulliard, vas-tu le détruire et le décréer totalement s'il te plaît ? Right and Wrong, Good and Bad, POD and POC, All 9, Shorts, Boys and Beyonds.

Participant : Gary, puis-je me faire l'avocat du diable ? On dirait que ce ne soit pas tant le fait d'acheter que la mort et mourir soient cette réalité. C'est plutôt résister à la mort et à mourir en faisant semblant que ce n'est pas là qui est l'élément destructeur.

Gary : Eh oui, oui, ce serait vrai si tu n'essayais pas de créer la mort comme réalité.

Participant : Mais qu'en est-il si tu l'ignores ? C'est là, mais tu l'ignores.

Gary : C'est encore les voir comme une réalité en faisant semblant qu'ils n'existent pas.

Participant : C'est comme l'homme derrière le rideau ?

Gary : Oui, il n'y a personne derrière le rideau. Il n'y a personne derrière le rideau, mais tu crois toujours qu'il y a quelqu'un là.

La réalité

Passons à la réalité

> Qu'est-ce qui constitue la réalité sur la planète Terre ? Tout, toutes les énergies que ça a fait remonter, allez-vous le détruire et le décréer totalement ? Right and Wrong, Good and Bad, POD and POC, All 9, Shorts, Boys and Beyonds.

Combien d'entre vous croient qu'il doit y avoir un équilibre sur la planète Terre ? Un équilibre entre la vie et la mort, un équilibre entre le positif et le négatif, un équilibre de pouvoir ? Il n'y en a pas. C'est une réalité qui a été perpétrée sur vous. Elle vous maintient dans un état constant de jugement, en particulier, le jugement du tort de vous.

> Tout ce que vous avez fait pour acheter cet équilibre comme une réalité, allez-vous le détruire et le décréer totalement ? Right and Wrong, Good and Bad, POD and POC, All 9, Shorts, Boys and Beyonds.

Quand tu regardes une molécule, tu vois les électrons positifs et négatifs qui entourent le centre, c'est-à-dire le noyau de l'élément. Ils sont la source de ce qui crée le mouvement au sein de la structure du système de la molécule.

Si tu te considérais comme le noyau de la molécule et que tu étais au sein de la molécule de ta propre réalité, tu reconnaîtrais que chaque fois que tu vas dans le tort de toi, c'est le moment où tu dois aller dans la force de l'élément positif appelé le changement. Le tort est l'élément négatif. Le changement, c'est l'élément positif. Et tu crées ainsi le mouvement.

Chaque molécule a un mouvement et tu dois créer un mouvement dans ta vie ; ce qui devient la vie et c'est ce mouvement qui est vivre vraiment. Quand tu es en mouvement, tu vis. Mais nous avons défini vivre comme « Que devons-nous faire ? Que devons-nous accomplir ? Que faisons-nous en dehors des endroits où nous devons faire ce que nous instituons ? »

Vivre véritablement, c'est le mouvement. Le mouvement total. Reconnais-tu que tu es rarement à l'aise quand tu es au repos ? Tu es rarement à l'aise quand il n'y a pas quelque chose qui se passe tout le temps. Pourquoi ? Parce que dans le mouvement, il y a une possibilité différente.

Quelle actualisation physique de la maladie totalement limitante et conceptuellement structurante du véritable changement ne reconnais-tu pas comme la perfection de la vie, vivre, la mort et la réalité pathétiques et misérables que tu choisis ? Tout ceci, fois un dieulliard, vas-tu le détruire et le décréer totalement ? Right and Wrong, Good and Bad, POD and POC, All 9, Shorts, Boys and Beyonds.

Dain :

Quelle actualisation physique de la maladie totalement limitante et conceptuellement structurante du véritable mouvement, de la motilité et de la contribution catalytique explosive ne reconnais-tu pas comme la perception de la vie, vivre, la mort et la réalité pathétiques et misérables que tu choisis ? Tout ceci, fois un dieulliard, vas-tu le détruire et le décréer totalement ? Right and Wrong, Good and Bad, POD and POC, All 9, Shorts, Boys and Beyonds.

Gary : Aïe ! Encore une fois.

Dain :

Quelle actualisation physique de la maladie totalement limitante et conceptuellement structurante du véritable mouvement, de la motilité et de la contribution catalytique explosive ne reconnais-tu pas comme la perception de la vie, vivre, la mort et la réalité pathétiques et misérables que tu choisis ? Tout ceci, fois un dieulliard, vas-tu le détruire et le décréer totalement ? Right and Wrong, Good and Bad, POD and POC, All 9, Shorts, Boys and Beyonds.

Participant : Peut-on parler un peu plus des déclarations génératives au lieu des déclarations qui disent à quel point nous sommes nuls et qu'on s'y prend comme des empotés dans notre vie ?

Gary : Je n'ai pas dit ça.

Participant : Est-ce qu'on peut d'abord détruire tous les trucs foireux ?

Gary : Combien de fois dis-tu à quel point ta vie est formidable et combien de fois parles-tu de tout ce qui est foireux dans ta vie ?

Participant : Eh bien, je n'ai pas beaucoup de trucs foireux, du coup je ne parle pas très souvent de ce qui est foireux.

Gary : Est-ce que tes amis parlent tout le temps de ce qui est foireux ? Oui. Les gens parlent toujours ce qui est foireux. Les gens parlent toujours des pires aspects de leur vie. Ils ne parlent jamais du meilleur de leur vie. Ils consacrent plus de temps et d'attention aux mauvaises choses qu'aux bonnes.

Participant : Eh bien, ça serait un oui. C'est effectivement souvent le cas. Mais ce n'est pas le cas pour tout le monde.

Gary : J'essaie de nous débarrasser de ces foutus implants distracteurs. Je n'essaie pas de faire en sorte que ça soit joli pour toi. Je veux me débarrasser de la merde qui gâche la vie des gens. Et ensuite on arrive de l'autre côté, mais il faut passer à travers ça d'abord.

Dain : L'autre côté, c'est que quand tu détruis la limitation, ce qui est illimité commence immédiatement à se présenter dans ta vie. Il y a des endroits où ceci fonctionne, même si tu ne le comprends pas cognitivement. Tu vas à l'endroit où tu juges ce qui se passe ici comme un tort ou un point de vue limité, ou qu'il y a un autre moyen d'aborder ça. Il y a quelque chose là-dedans qui s'applique à toi ; sinon il n'y aurait pas de charge dessus.

Ça pourrait être un endroit dans ton monde où tu te dis « Tu sais quoi, non d'une pipe ! Je suis si fatiguée de ce monde qui n'est ni créatif ni génératif ! » Tu pourrais reconnaître que tu formules une exigence pour plus de création et de génération. S'il y a une charge dessus, alors cela a un effet quelque part dans ta vie et en faisant ce processus, même avec la charge, cela va changer.

Participant : J'ai compris. En d'autres termes, j'y résiste un peu.

Dain : Oui, quelque chose comme ça.

Participant : OK, j'ai compris. C'est pour ça qu'on parle de ce qui va mal.

Gary : Si tu ne parles pas de ce qui va mal, tu n'auras rien à dire, parce que c'est de ça que parlent la majorité des gens.

Dain :

> Quelle actualisation physique de la maladie totalement limitante et conceptuellement structurante du véritable mouvement, de la motilité et de la contribution catalytique explosive ne reconnais-tu pas comme la perception et l'achat de la vie, vivre, la mort et la réalité pathétiques et misérables que tu choisis ? Tout ceci, fois un dieulliard, vas-tu le détruire et le décréer totalement ? Right and Wrong, Good and Bad, POD and POC, All 9, Shorts, Boys and Beyonds.

Gary : Encore une fois, Dain.

Dain :

> Quelle actualisation physique de la maladie totalement limitante et conceptuellement structurante du véritable mouvement, de la motilité et de la contribution catalytique explosive ne reconnais-tu pas comme la perception et l'achat de la vie, vivre, la mort et la réalité pathétiques et misérables que tu choisis ? Tout ceci, fois un dieulliard, vas-tu le détruire et le décréer totalement ? Right and Wrong, Good and Bad, POD and POC, All 9, Shorts, Boys and Beyonds.

Participant : Au début de ce processus, tu as dit que le tort était le négatif et que le changement était le positif et que le mouvement était vivre véritablement. Pourrais-tu approfondir ceci pour moi s'il te plaît ?

Gary : Chaque électron se meut et crée un mouvement qui est ce qui fonctionne comme l'élément de la structure. Cela fonctionne comme la structure de ce qui est effectivement possible dans la vie.

Dès que tu saisis que tu regardes le tort, demande : « Quel changement est disponible ici que je n'ai pas anticipé ? » et regardes-y de plus près ; une possibilité différente pourra survenir.

Dain : C'est énorme. Je pense que tu dis que le changement est un endroit créatif et génératif. J'ai parlé de ça dans une classe Niveau 2 à Melbourne. Rien que ça, ça a changé énormément de choses pour les gens. Nous avons vécu tant de changement le premier jour que les gens sont arrivés le deuxième jour solides comme du béton, parce qu'ils avaient reçu énormément de changement, ce qui était la polarité du pôle positif. Mais après, ils ont dû créer autant de tort pour contrebalancer ; c'est pour ça que tu passes constamment du changement au tort.

Tu changes, puis tu dis « J'ai tort » plutôt que de demander : « Quel changement est en fait disponible ici ? » Cette question te sort du tort — et elle est en fait l'antidote au tort. Demande : « Quel changement est en fait disponible ici ? » et sache que c'est quand tu te sens le plus en tort, qu'il y a le plus de changement disponible.

Participant : « Quel changement est en fait disponible ici ? » est une question géniale.

Gary : Oui. « Quel changement est en fait disponible ici et que je n'ai pas choisi ? »

LE MOUVEMENT

Dain : Je viens d'avoir un aperçu de tout ce truc du positif et du négatif qui créent un mouvement. Il ne s'agit jamais de rester coincé dans le positif et d'éviter le négatif. Il s'agit de créer un mouvement.

Gary : En 2012, alors qu'on approchait du « cataclysme de la fin du calendrier maya », les gens essayaient de ralentir les choses. La quantité de lenteur qu'il y avait dans le monde était ahurissante pour moi. Je voyais les gens aller de plus en plus lentement. Eh, les gens, où êtes-vous ? Je ne comprenais pas ce qui se passait. Ils semblaient penser qu'une chose inéluctable était en train de se passer et je voyais différentes possibilités. Que faudrait-il pour créer un état constant de possibilités différentes plutôt que d'acheter la seule et unique forme que quelque chose doit être ou

« Cette chose-là est le seul changement possible ? »

Participant : S'il n'y a pas d'équilibre qu'y a-t-il ?

Gary : Le mouvement ! Le mouvement !

Participant : Est-ce que le mouvement est la réponse à l'équilibre ou la réponse au tort ?

Gary : Est-ce qu'un être serait dans état constant de repos ?

Participant : Jamais.

Gary : Est-ce qu'un être serait dans état constant de mouvement ?

Participant : Oui.

Gary : Quand tu te reposes, tu utilises ton esprit pour créer une sensation de mouvement.

Participant : Oui.

Gary : En vérité, toute ta réalité est dans un état constant de mouvement. Quand tu observes la nature, tu vois que rien ne reste totalement silencieux ou immobile. Si tu te promènes et que tu observes attentivement, tu verras des milliers d'insectes et de choses qui bougent et un tas de choses qui se passent. C'est le « différent ». Pourquoi est-ce différent ? Parce que c'est toujours un état constant de mouvement qui arrive. Un corps au repos, ça n'existe pas. Ça n'existe pas dans l'univers. Tu persistes à essayer de créer un sentiment qu'il doit y avoir un positif et un négatif, qu'il doit y avoir le repos et le mouvement. Il y a le mouvement et un mouvement et ce n'est pas nécessairement la même chose.

Participant : Donc le tort serait une immobilité, une stagnation ?

Gary : Le tort c'est la façon dont tu essaies de créer une immobilité. C'est la façon dont tu solidifies les choses de cette réalité conceptuelle. Tu tentes de les rendre solides. C'est-à-dire que rien ne se passe.

Quand tu sais que tu as tort, tu essaies toujours de prouver que tu ne vas pas le faire, que tu n'as pas pu pas le faire, que tu ne voulais pas le faire, ou que tu ne veux pas le faire. Tu le fais. Tu essaies de t'arrêter.

Participant : C'est là que je vais à l'équilibre de tout. Équilibrer le mouvement avec l'arrêt. Oh, Gary, je t'adore. J'avais juste l'impression qu'on devait avoir le mouvement et le repos.

Gary : Si on observe la structure moléculaire de n'importe quoi, on voit que les structures positives et négatives sont dans un état constant de mouvement ; sinon cette chose n'existerait pas sous cette forme. Elle pourrait se catalyser en autre chose et changer de forme, mais elle ne pourra pas maintenir sa forme sans le mouvement électrique des électrons positifs et négatifs. Il doit toujours y avoir du mouvement dans tout.

Participant : Gary, même dans l'équilibre, même si tu es sur une corde ou des échasses, tu es en constant mouvement. C'est ce qui se passe. Qu'avons-nous mésidentifié comme l'équilibre ?

Gary : Nous avons mésidentifié que ces choses s'équilibrent. Elles ne s'équilibrent pas ; il y a un mouvement qui compense les différentes choses qui se passent autour de nous. Tu n'équilibres rien du tout. Tu te meus pour pouvoir créer ! Pour pouvoir créer, tu es dans un état constant de mouvement, et en tant qu'être, nous sommes beaucoup plus créatifs que ce que nous voulons bien admettre. Cet état constant d'essayer d'équilibrer, c'est l'état constant de croire que l'équilibre existe. Non, il y a un état constant de mouvement dans lequel on ne gagne pas, et soit nous créons, soit nous détruisons à partir de ce mouvement.

Nous pouvons créer et nous pouvons détruire. La destruction n'est pas si mauvaise. Le problème est que nous persistons à dire que la destruction est mauvaise. La destruction est juste un changement dans lequel deux choses se rencontrent dans un ordre donné d'une façon si violente, éruptive et catalytique qu'une nouvelle substance se met à exister.

Participant : Et la destruction ce n'est pas la même chose que le tort. Le tort est stagnant. La destruction est-elle aussi un mouvement ?

Gary : Le tort c'est la façon dont nous essayons de faire stagner les choses.

On est totalement cuits là. Mais j'ai un processus que j'aimerais que vous fassiez tous tourner en boucle pour vous-mêmes autant que possible. Mettez-le en boucle pour l'écouter sans arrêt pendant les 365 prochaines années. C'est ma contribution du jour.

Participants : (Rires)

Participant : C'est court ça comme période.

Gary : Oui, le Processus de 365 ans.

> Quelle actualisation physique des capacités génératives et créatives pour être libre de tous les implants distracteurs es-tu maintenant capable de générer, créer et instituer ? Tout ce qui ne permet pas cela, fois un dieulliard, vas-tu le détruire et le décréer totalement ? Right and Wrong, Good and Bad, POD and POC, All 9, Shorts, Boys and Beyonds.

C'est un bon ça.

Participants : (Acclamations) Ah oui, il est bien celui-là !

Gary :

> Quelle actualisation physique des capacités génératives et créatives pour être libre de tous les implants distracteurs es-tu maintenant capable de générer, créer et instituer ? Tout ce qui ne permet pas cela, fois un dieulliard, vas-tu le détruire et le décréer totalement ? Right and Wrong, Good and Bad, POD and POC, All 9, Shorts, Boys and Beyonds.

Participant : Peux-tu parler du changement qui est maintenant disponible ?

Gary : Si vous ne fonctionnez pas à partir des implants distracteurs, vous pouvez avoir la clarté sur la façon dont les implants distracteurs ont été utilisés comme arme pour vous figer sous une forme ou une autre. Ils tentent de créer le sentiment que vous devez vivre conformément à la réalité conceptuelle ici, sur la planète Terre. Mais il n'est pas nécessaire de vivre selon les réalités conceptuelles de la planète Terre. Il est nécessaire que vous soyez la source du mouvement qui change tout.

Gary :

> Quelle actualisation physique des capacités génératives et créatives pour être libre de tous les implants distracteurs es-tu maintenant capable de générer, créer et instituer ? La liberté totale de tous les implants distracteurs. Tout ceci, fois un dieulliard, vas-tu le détruire et le décréer totalement ? Right and Wrong, Good and Bad, POD and POC, All 9, Shorts, Boys and Beyonds.

Participant : De ton point de vue, est-ce que tout est immuable dans ce que nous appelons la réalité physique ? Ou bien est-ce qu'absolument tout peut être changé ?

Gary : Tout peut-être changé.

Participant : Merci.

Tu peux soit les acheter soit t'en affranchir

Gary : C'est mon point de vue. Quand j'ai reçu l'information sur les implants distracteurs pour la première fois, j'observais quelque chose puis je disais « C'est un implant distracteur. Peu importe, je ne vais pas faire ça. »

Je ne suis pas allé au pourquoi c'étaient des implants distracteurs ou comment ils fonctionnaient contre moi. Je savais juste qu'ils ne généraient pas ce qui m'intéressait. J'avais le choix. Je pouvais soit les acheter, soit m'en affranchir. Je m'en suis affranchi à tous les coups. Chaque fois que quelqu'un allait dans colère, rage, fureur ou haine, je disais « C'est un implant distracteur. OK, cool. Que veux-tu que je dise ? »

Et la personne disait « Quoi ? »

Alors, je lui demandais « Que veux-tu que je dise ? »

Et elle me demandait « Qu'est-ce que tu veux dire "Que veux-tu que je dise" ? »

Je répondais « Eh bien, manifestement tu me veux quelque chose. Qu'est que tu en fais ? »

Ils disaient « Quoi ? » Et puis tout se désamorçait.

Quand les gens faisaient reproche, honte, regret et culpabilité, je disais « C'est de ma faute. »

Et ils répondaient « Mais… mais… » Et je disais « C'est de ma faute. »

Puis ils disaient « Non, ce n'est pas ce que je voulais dire. »

Et alors je demandais « OK, qu'est-ce que tu voulais dire alors ? »

Et ils ne pouvaient jamais l'expliquer.

J'ai commencé à considérer ces différents éléments et ce qui fait que les implants distracteurs sont ce qu'ils sont. Quand d'autres personnes les faisaient, j'utilisais la reconnaissance. Je disais « Oui, je suis mauvais, oui, OK. », et je n'avais pas de point de vue là-dessus.

Chaque fois que je n'avais pas de point de vue, chaque fois que je n'allais pas au drame et mélodrame des implants distracteurs, ils changeaient. Et tout changeait autour de moi, et tous les gens autour de moi changeaient.

Pour moi, c'était beaucoup plus important que de jouer aux jeux de cette réalité. C'est pourquoi c'était si clair pour moi que ce n'étaient que des implants distracteurs. Et pourquoi m'en tracasserais-je ? C'était étrange de voir que les autres ne pouvaient pas ou ne voulaient pas choisir ça.

C'est pourquoi j'ai lancé cette série d'appels ; parce que les gens doivent comprendre les implants distracteurs. Si vous commencez à avoir une compréhension de ceci, vous n'aurez plus à plus vivre votre vie à partir des limitations à partir desquelles tout le monde fonctionne.

Participant : Gary, es-tu en train de dire, que chaque fois que nous reconnaissons que nous tombons dans un implant distracteur, nous pouvons simplement faire un autre choix ?

Gary : Oui.

Participant : On dit simplement « Ça, je ne fais pas » ?

Gary : « Ça, je ne fais pas. » Ou bien, tu dis « Oh, c'est un implant distracteur. » Ce serait comme marcher dans la rue et tout d'un coup tu sens cette odeur et tu te dis « Beurk, ça pue. »

Tu te demanderais « D'où est-ce que ça vient ? » Et tu te dirais « Oh, je viens de marcher dans une merde de chien. Je déteste marcher dans les merdes de chiens. » Alors, tu irais chercher un tuyau d'arrosage et tu nettoierais. Tu n'irais pas au drame et mélodrame — ce que les implants ont pour but de faire. Ils sont conçus pour que tu t'impliques tellement avec eux que tu ne peux pas voir les choses telles qu'elles sont.

Dain : Tu nettoies et tu poursuis ton chemin. Tu fais ce qu'il faut.

Gary : Tu te mets en mouvement.

Dain : Les implants distracteurs sont conçus pour que quand tu marches dans une merde de chien tu commences à faire tomber la merde du ciel pour prouver que tu viens de marcher dans la merde.

Ou bien, tout en essayant de comprendre comment retirer ton pied de la merde, tu mets l'autre dedans aussi. Tu essaies de comprendre comment en sortir au lieu de simplement bouger ton pied et nettoyer la merde. Non. Nettoie et va de l'avant.

Tu peux la POC et PODer ou choisir autre chose. Les deux vont marcher. Le POC et POD est là quand tu sembles ne pas pouvoir choisir autre chose ou quand tu sembles ne pas pouvoir nettoyer la merde.

C'est important de choisir d'aller de l'avant. La plupart des gens, quand ils marchent dans une merde, ils ne bougent jamais leur pied. Ils se demandent « Quelle merde est-ce que c'est ? Est-ce que c'est de la merde avec du maïs ? Est-ce que c'est de la merde avec des tomates ? Quel genre de nourriture ce chien a-t-il mangé ? » et pendant ce temps-là la merde se transforme en béton autour d'eux.

Participant : Gary et Dain, pourriez-vous chacun donner un exemple de comment vous vous êtes accordés avec quelqu'un et avez dit : « Tu as raison, c'est de ma faute. » ?

Gary : Ça revient à dire « Je suis désolé. Je n'aurais pas dû faire ça. »

Tu sais qu'ils font reproche, honte, regret et culpabilité et qu'ils veulent aller au drame et mélodrame. Ils veulent passer des heures à raconter à quel point tu es mauvais. L'autre jour, je parlais à un gars qui m'a dit que lui et sa femme étaient en train de divorcer. Le lendemain, son fils m'appelle et me dit « Mes parents hurlent et se gueulent dessus. Qu'est-ce que je peux faire ? »

J'ai dit « Demande-leur quel âge ils ont. Ils se comportent comme des ados qui viennent de se faire manquer de respect par leur pote ado. Ils n'agissent pas vraiment comme des gens conscients. »

Le gamin m'a dit « Oh ».

Apparemment c'est ce qu'il a fait. Son père m'a rappelé plus tard et m'a dit « Merci d'avoir aidé mon gamin. Tu nous as tous aidés. J'ai réalisé qu'il fallait que je devais être au dessus de ça. Si ma femme me blâme pour tout tout le temps, alors il faut que je dise « Tu as raison. Je suis désolé. »

L'implant distracteur est conçu pour te distraire de ce qui est, et en particulier, te distraire de ce qui est possible.

Tu dois être prêt à utiliser tous les outils disponibles. Et les outils ne sont à ta disposition que si tu ne rentres pas du tout dans le jeu de l'implant distracteur et que tu réalises « Oh, il y a un implant distracteur en dessous de ce qui se passe ici. C'est un moyen de me rendre impuissant et dès lors de renforcer l'impuissance de la personne avec qui je suis. » Rien de tout ça n'est vrai.

Dain : Ce que tu as dit sur la façon dont cela distrait toujours d'autres possibilités est vital. Dans le cas de la colère, Gary m'a appris à baisser mes barrières. Il y a des gens qui m'ont hurlé dessus comme des dingues, et j'ai juste baissé mes barrières au point que j'étais si vulnérable que j'ai commencé à pleurer. Alors ça, comme moyen d'arrêter ! Ils ont juste fondu.

Et puis, j'ai demandé « Que se passe-t-il en réalité ? Qu'est-ce que c'est ? »

Gary : Tu te rappelles ce gars qui t'a appelé parce qu'il pensait que tu courais après sa femme ?

Dain : Il m'a appelé parce qu'il pensait que je courais après sa femme — en parlant de se prendre colère, rage, fureur et haine en pleine figure. « Je vais venir te tuer. »

J'ai baissé toutes mes barrières et j'ai dit « Primo, je ne cours pas derrière ta femme. Secundo, que puis-je faire pour t'aider — parce que tu traverses manifestement quelque chose de difficile. Que puis-je faire pour t'aider ? »

Il a commencé à pleurer au téléphone. Il m'a appelé plus tard et nous avons parlé pendant une heure. Il en a parlé à sa femme et elle m'a envoyé un texto pour me dire qu'il lui avait dit « C'était l'heure la plus incroyable de ma vie. Cela a changé ma vie plus que tout ce que j'ai pu faire en trente ans sur cette planète. Dis à Dain que je l'adore. »

Voici le genre de possibilités qui sont à notre disposition — les possibilités que nous avons quand nous sommes nous, quand nous ne laissons pas la merde de chien dans laquelle nous avons marché nous diriger. C'est quand nous disons « Maintenant, je vais nettoyer ça et choisir une possibilité différente. »

Participant : Quand tu commences à sortir de l'implant distracteur, est-ce que tu deviens plus d'espace ? C'est un peu comme « Je suis tellement d'espace que je ne sais pas comment être dans l'espace que je suis maintenant ? Ou bien est-ce que c'est « L'espace a toujours été amusant pour moi » ?

Gary : Eh bien, quand tu en arrives au point où tu es prête à être cet espace et que tu ne veux pas retourner dans la merde avec les implants distracteurs, tu commences à te sentir légèrement en décalage avec le reste du monde.

Participant : Oui ? C'est presque comme si je cherchais la merde comme point de référence.

Gary : Oui, je sais, mais tu dois arrêter de chercher le point de référence de la merde. Tu dois demander : « Quel choix y a-t-il réellement ici ? »

Quand tu sors des implants distracteurs, tu es en décalage par rapport au reste du monde, parce que le reste du monde est contrôlé par les implants distracteurs comme si c'était le seul choix disponible.

Participant : Merci beaucoup.

Gary : C'est la clé qui déverrouille tout ce qui a été une limitation pour moi.

J'ai parlé à ma sœur l'autre jour pendant une heure et elle parlait de ce qui était bon pour elle et de ce qui était bon pour elle, et elle ne m'a pas posé une seule question. Est-ce qu'elle s'intéressait à moi ? Non, elle ne s'intéressait ni à ce que je faisais ni à ma vie. Elle n'avait d'intérêt que parce que nous avons un lien de sang.

Pour moi, c'était « OK, cool, si c'est ce que c'est pour toi, c'est ce que c'est pour toi. » Je n'ai pas besoin qu'elle m'écoute. Je n'ai pas besoin de me disputer avec elle. Je n'ai pas besoin de lui faire voir ce que je voudrais qu'elle voie. Je lui permets simplement d'avoir et être ce qu'elle choisit.

Quand tu sors des implants distracteurs, tu arrêtes d'essayer de faire en sorte que les gens voient ton point de vue. Tu commences à permettre aux gens de voir où ils sont et tu les laisses être les éléments de ce qu'ils sont prêts à être. Tu n'as aucune projection ou attente à leur égard. Mais tant que tu agis à partir des implants distracteurs, tu as tendance à avoir des projections et attentes des autres.

Participant : Tu dis « J'avais tort. C'est de ma faute », mais tu as toujours l'intention de maintenir le choix que tu as fait. Y a-t-il autre chose qui est requis ?

Tu ne peux pas t'accrocher à un choix que tu as fait

Gary : Non, non, non. Si tu maintiens le choix que tu as fait, c'est une décision. C'est un jugement. C'est quand tu crées le choix d'assumer et d'aborder les choses avec l'autre personne à partir d'où elle fonctionne, qu'elle commence à changer, et alors tu changes aussi. Tu ne peux pas t'accrocher à un choix que tu as fait.

Je ne me suis jamais accroché à un choix que j'avais fait. Je peux choisir d'être en colère, mais ça ne dure pas. Pourquoi ? Parce que dès que la personne commence à changer, moi aussi. Le changement, c'est le mouvement qui élimine les limitations et le manque de possibilités. Tu vois alors les choses à partir d'un temps différent. Je ne m'accroche pas aux choix que je fais. Un choix n'est valable que pour dix secondes.

Je fais un choix dans un incrément de dix secondes et quelque chose commence à changer, alors je fais un nouveau choix — parce que rien ne reste pareil. Chaque choix crée une possibilité différente. Chaque choix crée des possibilités et des prises de conscience différentes. Tu commences à reconnaître que c'est ce que tu recherchais vraiment — la conscience, les possibilités, les questions, le choix et la contribution.

Chaque personne est une contribution à ce qui se passe. Je me suis mis en colère contre des personnes et je suis allé leur parler du fait que j'étais en colère ou contrarié et tout d'un coup, ça a changé parce que j'étais prêt à reconnaître « OK, je faisais un implant distracteur. Quel est le mensonge ici ? » Si tu es coincé avec un mensonge, tu vas d'emblée à « Je dois changer ceci », « Ça ne fonctionne pas », ou « Il y a quelque chose qui cloche ici. »

C'est un univers totalement différent quand tu captes que la colère est due au mensonge, et une fois que tu repères le mensonge, la colère commence à se démanteler. Par exemple, disons que tu sais que quelqu'un te ment et tu es en colère parce qu'il te ment. Tout d'un coup, tu vois le mensonge qu'il se raconte et ta colère s'en va et le choix et la contribution que tu peux être pour lui pour créer des possibilités différentes deviennent formidables. Tout change. Ça fait tout fonctionner.

C'est ce truc avec le fait d'être en mouvement. Si tu es en mouvement et que tu fais les choses à partir d'un endroit sans implants distracteurs, ce mouvement devient un état constant de possibilités, réalités, univers et tout le reste, en expansion. Pour cela, tu n'as pas du tout besoin de te limiter ou te contracter. Et tu n'as pas besoin de contracter quelqu'un d'autre.

Participant : Alors, avec la colère, on peut demander ce qu'est le mensonge et ça va aider à la désamorcer ? Et une fois qu'on capte le mensonge, on peut dire « Oh, OK ! » et laisser partir la colère. Est-ce que d'autres implants distracteurs fonctionnent comme ça aussi ?

Gary : Avec la colère, tu dois demander « Est-ce que c'est un implant distracteur ou bien est-ce que c'est basé sur un mensonge ? » La colère est le seul à fonctionner ainsi. Les autres ne semblent pas fonctionner comme ça.

La colère est « justifiée » et « correcte » quand il y a un mensonge, parce que quand quelqu'un te ment, cela crée une énergie similaire à l'implant distracteur. C'est similaire à l'implant distracteur, mais c'est en fait très différent.

As-tu déjà vu quelqu'un s'énerver sur son cheval ? Il frappe le cheval et fait toutes sortes de choses. Dans ta tête, tu peux dire « Ça, ça ne fonctionne pas. Pourquoi fais-tu ça ? » Se fâcher contre un cheval pour quelque chose qu'il a fait il y a cinq minutes ne fonctionne pas. J'ai travaillé avec une dame qui, quand elle montait son cheval et qu'il cognait une barrière en sortant du manège, le frappait comme une malade. Il n'avait aucune idée de pourquoi il était battu. La seule chose que cela créait, c'était une confusion incroyable.

Participant : Es-tu en train de dire qu'il y a deux sortes de colères ? Il y a la colère basée sur un mensonge, qui est justifiée, et il y a le distracteur, où tu as juste perdu le contrôle ?

Gary : Oui, tu as perdu le contrôle et c'est conçu pour t'empêcher de voir ce qui est. Et quand les gens ne veulent pas voir ce qui est, même si tu essaies de leur expliquer, ou de leur montrer, ou de leur parler du mensonge, c'est un implant distracteur. Tu ne peux pas leur montrer quoi que ce soit dans ces circonstances. Ça ne fonctionne pas.

Les implants distracteurs sont conçus pour te stopper. Ils sont conçus pour te stopper, te diminuer, te contracter et de te rendre moins que toi. Si tu achètes quoi que ce soit de tout ça comme étant réel, tu justifies pourquoi tu t'arrêtes, te contractes et te rends limité.

Merci à tous d'avoir été présents pour cet appel. Cette série d'appels est incroyable et j'espère qu'elle créera beaucoup de changement pour vous.

Dain : Gary, merci beaucoup pour ces formidables processus et prises de conscience. Je suis tellement reconnaissant d'avoir été présent ici avec vous. Je vous adore tous. Vous êtes géniaux. Et quoi d'autre est possible maintenant ?

Participant : Merci beaucoup de faire ces appels. Ils changent beaucoup de choses dans ma vie.

Participants : Merci Gary et Dain. On vous adore.

CHAPITRE SIX

Peur, doute, business et relations

Gary : Bonjour à tous. Le Dr Dain et moi sommes en Nouvelle-Zélande actuellement. Et Dain est en train d'être interviewé à la télévision. Il nous rejoindra plus tard, s'il termine à temps.

Aujourd'hui, nous allons parler des implants distracteurs peur, doute, business et relations. Ce qu'il faut que vous compreniez à propos des implants distracteurs, c'est qu'ils sont conçus pour vous empêcher de voir le pouvoir et la puissance que vous êtes. C'est tout ce qu'ils ont à faire : ne jamais vous laisser choisir d'être le pouvoir et la puissance que vous êtes.

La peur et le doute

La peur et le doute ne sont que des distracteurs. Le doute est ce que tu fais pour t'arrêter. En fait, tout ce qui t'arrête est un distracteur. Toi, en tant qu'être infini, comment pourrais-tu être arrêté ? Ce n'est pas possible.

Participant : Disons que tu commences à sentir l'un des implants distracteurs de peur, de doute ou un autre...

Gary : POC et PODe-le.

Participant : Est-ce que tu dis simplement « Il n'existe pas », et tu POC et PODes ça ?

Gary : POC et PODe-le et tout ce que cet implant distracteur est censé faire.

Dis :

« *Cela ne va pas m'arriver.* » *Quand tu as peur de quelque chose, POC et PODe-le. Puis, après avoir POC et PODé l'implant distracteur, demande :* « *Qu'est-ce que je n'ai pas encore considéré ?* »

LES RELATIONS

Participant : J'ai une question concernant les relations. Nous sommes en connexion avec tout, alors quand est-ce que ça devient une relation ?

Gary : Les relations sont définies comme la distance entre toi et l'autre. Une relation c'est toujours une question de distance entre deux objets. Nous sommes en relation l'un par rapport à l'autre. La lune est en relation par rapport au soleil. Le soleil est en relation par rapport à la Terre. La relation c'est la distance qui fait que nous continuons à tourner l'un autour de l'autre sans être vraiment la communion et la connexion que nous sommes vraiment.

Quand tu commences une nouvelle relation, tu regardes quelqu'un et tu te dis « C'est LA bonne personne. Ça y'est. » Où est la question ? Il n'y en a pas. Et à partir de là, tu te dis « Maintenant qu'on a une relation, ce n'est pas possible, il y a quelque chose qui cloche, il faut qu'on fasse quelque chose de différent. » Ah oui, vraiment ? Es-tu sûre ?

Une fois que tu es en relation, une fois que tu t'engages envers une relation, tu renonces à une partie de ton point de vue pour maintenir la relation, comme si c'était la relation qui était le produit de valeur et pas toi. Tu commences à couper des petits morceaux de toi pour pouvoir maintenir la relation. C'est le but des implants distracteurs : te retirer de l'endroit où tu peux te choisir pour te mettre dans un endroit où tu essaies de choisir la relation.

Le business

Participant : Je vis une espèce d'impasse avec le business. Je viens de m'occuper de mes impôts, ce qui m'a fait prendre conscience que je n'étais pas prêt à générer mon business parce que j'ai une énorme résistance et réaction aux taxes et aux audits. J'ai le point de vue que je ne veux pas gagner plus d'argent pour que le gouvernement ne puisse pas prendre mon argent. Et que je vais les avoir ainsi.

Gary : Ce n'est pas ton meilleur choix. C'est un implant distracteur sur le business. Que faudrait-il pour le changer ? Chaque fois que tu conclus une affaire, POC et PODe tous les implants distracteurs qui l'entourent.

L'importance d'être conscient des implants distracteurs tient à la capacité à utiliser l'information pour s'en libérer. La plupart d'entre vous essaient de les acheter comme étant réels et vous essayez de vous en débarrasser. Observez-les et dites : « Quelle part de ceci est un implant distracteur ? POC et PODez tout ça. »

Les gens persistent à s'impliquer dans ces implants plutôt que de prendre du recul et dire « Oh, OK, il doit y avoir un implant distracteur ici parce que ceci ne fonctionne pas. » Si quelque chose ne fonctionne pas dans ton business, c'est parce que tu es coincé avec un implant distracteur. Pour toutes les parties de ton business qui ne fonctionnent pas bien, POC et PODe tous les implants distracteurs qui l'empêchent d'avoir du succès. Toi, en tant qu'être infini, pour quelle raison choisirais-tu un business qui ne fonctionne pas ?

C'est pareil avec tes relations. Chaque fois que tu entres en relation, POC et PODe chaque implant distracteur qui y est connecté. Cela s'applique à ta relation avec tes enfants, avec ton business, avec tes parents, avec tout. Tu dois dire « POC et PODe tous les implants distracteurs connectés à ceci. »

La première fois que j'ai découvert les implants distracteurs, chaque fois que je tombais sur un implant distracteur, je disais « OK, business, tous les implants distracteurs ici, POC et PODe ça. » Et puis demande :

- Qu'est-ce que je voudrais que soit le business que je crée ?
- Comment est-ce que je voudrais qu'il soit créé ?
- Est-ce que ça serait génératif et créatif ?

Les implants distracteurs sont destinés à te faire aller dans ce qui est contractant et de t'éloigner de ce qui est génératif et créatif. Le but est l'institution de la réalité des implants distracteurs comme le maximum des choix que tu peux avoir. Tu dois choisir différemment. C'est tout ce que tu as à faire : choisir différemment. J'espère que j'ai été assez clair et concis.

Participant : J'ai remarqué qu'il y a beaucoup de choses que je pourrais instituer, créer, et générer avec mon business. Ce ne serait pas difficile. Et toutes ces choses créeraient plus d'aisance et des flux d'argent plus abondants, et pourtant j'y résiste.

Gary : Ce sont les implants distracteurs. Tu vois ce que tu pourrais faire, et soit tu procrastines, soit tu ne fais rien du tout. Toi, en tant qu'humanoïde, tu fais la procrastination pour prouver que tu es forte. En fin de compte, tu t'en sors toujours et tu parviens à tout accomplir même si tu as procrastiné.

La peur, le doute, le business et les relations sont tous destinés à te maintenir à un endroit où tu n'as jamais choisi ce que tu voudrais vraiment avoir. Tu te distrais de désirer ce que tu désires vraiment dans ta vie. La plupart d'entre vous ne sont pas prêts à avoir ce qu'ils devraient avoir dans leur vie.

> Quelle actualisation physique de la maladie mortelle et éternelle d'avoir tout ce que tu voudrais et tout ce que tu désirerais ne reconnais-tu pas comme la perfection et l'achat des implants distracteurs, en particulier la peur, le doute, le business et les relations comme le maximum de choix que tu peux avoir ? Tout ceci, fois un dieulliard, vas-tu le détruire et le décréer totalement ? Right and Wrong, Good and Bad, POD and POC, All 9, Shorts, Boys and Beyonds.

Tu crois que si tu avais tout ce que tu demandes, si tu avais tout ce que tu aimerais avoir, et si tout fonctionnait pour toi, la vie serait trop facile. Et si la vie était trop facile vaudrait-elle la peine d'être vécue ? Non. C'est pour ça que l'implant distracteur 'vivre' est ce qu'il est. Tu ne veux pas que ta vie soit facile au point que cela ne te demanderait aucun effort. Tu penses que si tu ne dois faire aucun effort, cela ne peut pas avoir de valeur. Tant que quelque chose est difficile à réaliser, tu vis. À mon avis, ce n'est pas vraiment correct.

> Quelle actualisation physique de la maladie mortelle et éternelle d'avoir tout ce que tu voudrais et tout ce que tu désirerais ne reconnais-tu pas comme la perfection et l'achat des implants distracteurs, en particulier la peur, le doute, le business et les relations comme le maximum de choix que tu peux avoir ? Tout ceci, fois un dieulliard, vas-tu le détruire et le décréer totalement ? Right and Wrong, Good and Bad, POD and POC, All 9, Shorts, Boys and Beyonds.

Participant : Gary, quand tu dis l'achat, tu veux dire achat comme dans « acheter des choses » ?

Gary : Oui, acheter, dans le sens d'accepter comme vrai. Les implants distracteurs ne sont pas réels, mais tu les achètes parce que tout le monde fait pareil. Tu supposes qu'ils doivent être réels, ce qui n'est pas correct, mais nous persistons à penser que puisque tout le monde le fait, nous devons les acheter aussi. Tu n'as pas besoin d'acheter les implants distracteurs.

Participant : Pourrais-tu s'il te plaît approfondir ce que tu veux dire quand tu dis « comme le maximum des choix que tu peux avoir » ? Es-tu en train de dire que j'utilise les implants distracteurs comme mon choix ?

Gary : Tu penses que les implants distracteurs constituent la somme de tes choix. Tu as décidé qu'ils équivalaient à ton choix. C'est comme si tu essayais d'utiliser les implants distracteurs pour qu'ils fonctionnent pour toi, mais ce n'est jamais le cas. Par exemple, combien de fois as-tu choisi une relation qui n'allait pas te donner tout ce que tu souhaites ?

Participant : Tout le temps.

Gary : Ouaip, tout le temps. Combien de fois fais-tu du business à partir d'un endroit où ça fonctionne plus ou moins, mais pas totalement ? Ce n'est pas facile ; il y a toujours un problème avec ton business.

Participant : Je ne fais pas tellement ça avec le business, mais je vois ce que tu veux dire.

Gary : Même, avec le business et l'argent, te retrouves-tu à des endroits où tu dois gérer des problèmes ?

Participant : Absolument.

Gary : Comment ça serait si tu gérais le business et l'argent à partir de l'aisance et pas des problèmes ?

Participant : Donc je le gère à partir de, ou en choisissant des implants distracteurs ?

Gary : Oui. On fait ça parce que tout le monde les achète, et puisque tout le monde les possède, nous supposons que nous devons aussi les posséder.

Participant : Comment ça serait de ne pas faire ça ? Qu'est-ce qu'il y a encore là ?

Gary : Tu dois demander :

- Quoi d'autre est possible ?
- Que puis-je choisir d'autre ?
- Qu'est-ce que j'aimerais vraiment qui fonctionne dans mon business ?

Tout le monde mène son business ou ses relations à partir de l'endroit bizarre des implants distracteurs et se demande pourquoi son business et ses relations ne fonctionnent pas. Les gens divorcent de leurs partenaires ou divorcent de leurs partenaires d'affaires. Ils ne trouvent pas de solution et ils ne s'assurent pas que leur partenaire d'affaires gagne aussi de l'argent.

Participant : D'accord.

Gary : J'observe et je demande :

- Comment faire en sorte que ça fonctionne ?
- Comment faire en sorte que ceci fonctionne pour tous les deux ?
- Comment faire en sorte que ça devienne plus grand pour tous les deux ?
- Comment m'assurer que ces gens gagnent autant d'argent que moi ?

Ce n'est pas normal, je suis le patron, alors personne n'est censé gagner autant d'argent que ce que je suis censé gagner parce que le business c'est toujours un gars aux commandes, le gars qui est le patron. Le gars qui l'a créé est censé avoir la plus grande partie de l'argent et personne d'autre n'est censé gagner autant que lui. Ce n'est pas un point de vue selon lequel je suis prêt à vivre.

Pourquoi ? Parce que si je le fais du point de vue que je suis censé ramasser tout, en fin de compte, tout le monde devra se séparer de moi parce que l'argent est la plus grande source de création pour la relation d'affaires.

As-tu déjà choisi une relation et décidé ensuite que la personne n'avait pas assez d'argent pour toi ? Ou bien que tu devais tout payer pour que le gars puisse être ton jouet ? Tout cela crée un endroit où rien ne peut fonctionner. Il faut que tu sois prêt à regarder les choses pour ce qu'elles sont.

Participant : Donc, tu fonctionnes à partir du Royaume de Nous ?

Gary : Oui, exactement.

Participant : Et moi je fonctionne à partir du Royaume du Moi ?

Gary : Oui, tu fais le Royaume de Moi. Tu essaies de créer une relation qui fonctionne pour toi avec une personne qui ne peut pas fonctionner pour toi, avec une personne qui ne te voit pas comme son égale, ou une personne qui ne t'inspire pas à être plus de toi. C'est ce que nous avons tendance à faire avec les relations. Combien d'entre vous ont choisi une relation avec quelqu'un qui ne les inspirait pas à être plus, mais qui désirait toujours qu'ils soient moins. Si vous pensez que ça ne s'applique pas à vous, vous êtes l'un des miracles sur cette planète.

Tout ceci, c'est l'implant distracteur, les gars. Allez-vous le détruire et le décréer ?

> Right and Wrong, Good and Bad, POD and POC, All 9, Shorts, Boys and Beyonds.

Participant : De ton point de vue, est-ce qu'il est possible d'avoir une relation avec quelqu'un qui fonctionne à partir des implants distracteurs ? Ou est-ce que ça ne peut tout simplement pas fonctionner ?

Gary : Là, tu essaies de tirer une conclusion, et c'est ce que les implants distracteurs sont destinés à faire — t'amener à la conclusion et à la contraction. Tu dois poser une question : « Comment fonctionner avec cette personne ? » et puis « Oh, il vit avec un implant distracteur. OK, bien. Alors, qu'est-ce que je dois faire ? »

Pouvons-nous POC et PODer tout ce qui leur fait penser que les implants distracteurs sont bons, réels et précieux ? Nous le pouvons, mais en général nous ne le faisons pas. Quand je suis avec quelqu'un qui est en colère, je POC et PODe tout ce qui permet à cet implant distracteur d'agir. Je le pense dans ma tête. Que se passe-t-il ? Cela débarrasse de l'implant distracteur. La personne bredouille… bredouille… bredouille et s'arrête. Ça fonctionne pour moi. Il faut que vous utilisiez ce que vous savez des implants distracteurs, plutôt que d'essayer de ne pas avoir affaire à eux. Tu ne peux pas gérer un implant.

Tu dois être avec quelqu'un qui est effectivement disponible pour toi. Et tu ne peux pas avoir quelqu'un qui est disponible pour toi tant que tu n'es pas prête à créer et générer au-delà de l'implant distracteur. Il s'agit de la création et de la génération. Faisons encore ce processus :

> Quelle actualisation physique de la maladie mortelle et éternelle d'avoir tout ce que tu voudrais et tout ce que tu désirerais ne recon-

nais-tu pas comme la perfection et l'achat des implants distracteurs, en particulier la peur, le doute, le business et les relations comme le maximum de choix que tu peux avoir? Tout ceci, fois un dieulliard, vas-tu le détruire et le décréer totalement? Right and Wrong, Good and Bad, POD and POC, All 9, Shorts, Boys and Beyonds.

Participant : Si quelque chose tourne obsessionnellement dans la tête, peut-on supposer plus ou moins qu'il s'agit d'un implant distracteur, même si on n'arrive pas à le caser dans l'un des titres que nous avons ?

Gary : Il y a des choses qui sont sur réverbération automatique et les bandes de Möbius. Tout ce qui te tourne dans la tête ainsi est une bande de Möbius. POC et PODe toutes les bandes de Möbius qui créent cela. Fais ça avec tout ce qui tourne obsessionnellement, compulsivement et bien sûr il y a les points de vue addictifs, compulsifs et pervertis…

Dain : Je te renvoie à l'appel numéro trois.

Gary : Dr Dain n'est plus à la télévision !

Dain : J'aime bien commencer mes matins à la télé. On devrait faire ça plus souvent.

Gary : En général, je fais ça en m'asseyant sur la télé. C'est ma façon de commencer la matinée à la télé*.

Quelle actualisation physique de la maladie mortelle et éternelle d'avoir tout ce que tu voudrais et tout ce que tu désirerais ne reconnais-tu pas comme la perfection et l'achat des implants distracteurs, en particulier la peur, le doute, le business et les relations comme le maximum de choix que tu peux avoir? Tout ceci, fois un dieulliard, vas-tu le détruire et le décréer totalement? Right and Wrong, Good and Bad, POD and POC, All 9, Shorts, Boys and Beyonds.

Participant : Tu as mentionné plus tôt que les relations abusives coupaient des parties de nous et que c'était choisir la nécessité de l'implant distracteur.

---

* *NdT* « à la télé » se dit *en anglais* « on TV », à savoir « sur la télé »

Verrouillons-nous ça dans notre corps ?

Gary : Oui. C'est tout ce que tu crées comme une nécessité au lieu d'un choix. Vous autres, vous faites plus la nécessité que le choix, alors, vous devez choisir la même chose encore et encore. C'est pour cela que vous recherchez le choix qui va créer tous les choix. C'est transformer le choix en nécessité ; ce qui est plus important pour vous que d'avoir la liberté de choisir tout ce que vous désirez. Chaque fois que vous transformez un choix en nécessité, vous le verrouillez dans votre corps, parce que les nécessités sont typiquement toutes destinées à tuer votre corps.

> Combien de nécessités avez-vous verrouillées dans votre corps pour tuer votre pauvre, doux, adorable, petit corps qui ne veut vraiment pas mourir ? Tout ceci, fois un dieulliard, vas-tu le détruire et le décréer totalement ? Right and Wrong, Good and Bad, POD and POC, All 9, Shorts, Boys and Beyonds.

Dain : Quelque chose est remonté assez dynamiquement par rapport à ce que tu viens de dire, Gary, et c'est vrai pour tous les implants distracteurs : nous les utilisons pour ne pas être la grandeur de nous. Nous les rendons réels pour pouvoir nous intégrer.

Nous créons ces nécessités au lieu du choix pour prouver que nous n'avons pas plus de choix ni plus de capacités que n'importe qui d'autre sur cette planète. Nous faisons cela plutôt que de demander : « Qu'est-ce qui est différent chez moi ? » et être capable et prêt à l'être. Si nous faisions ça, tout se présenterait avec aisance. C'est comme si on ne s'autorisait pas à l'avoir.

Gary : Tu viens de dire quelque chose qui a stimulé une perspective tout à fait différente pour moi, Dain. Je viens de réaliser que ces implants distracteurs sont spécifiquement conçus pour nous empêcher d'être des leaders dans le monde.

Dain : C'est ça, absolument.

Gary : Tu les as choisis parce que tu ne veux pas sortir de la réalité normale. Tu ne veux pas être un leader qui crée un genre différent de conscience, un genre différent de réalité, un genre différent de planète. Tu préférerais mourir dans ces fameux implants distracteurs plutôt que de choisir d'être ce genre de leader.

> Tout ce que tu as fait pour rendre ça plus réel qu'une possibilité différente, vas-tu le détruire et le décréer totalement ? Right and Wrong, Good and Bad, POD and POC, All 9, Shorts, Boys and Beyonds.

Dain : La prise de conscience de ça m'est venue ce matin quand on discutait ensemble avant l'interview à la télévision. Ce que j'ai fait dans les précédentes interviews à la télévision c'était d'être plus, mais ce matin, je me suis levé en râlant : « Oh, je ne peux pas être ça. »

Alors qu'on en parlait, on a saisi que je n'étais pas prêt à être la différence que je suis. Je n'étais pas prêt à être le leader, en gros. J'ai finalement compris et j'ai dit « Tu sais quoi ? Je serai un leader. Peu importe à quoi ça ressemble, je le serai. » J'ai réalisé que dans ma vie, j'ai fait tellement souvent ce qu'on disait tout à l'heure : je n'étais pas prêt à être leader et j'en ai vu les effets quand je l'étais. C'est une façon d'être dans le monde totalement différente.

Gary:

> Combien d'entre vous utilisent les implants distracteurs pour ne pas être ? Chaque implant distracteur que vous utilisez pour ne pas devoir vraiment être qui vous êtes, allez-vous les détruire et les décréer tous, fois un dieulliard ? Right and Wrong, Good and Bad, POD and POC, All 9, Shorts, Boys and Beyonds.

Participant : Comment peux-tu embrasser cette position ?

Gary : En reconnaissant qu'il s'agit de ces distracteurs. C'est un endroit où tu dois choisir. Tu dois demander : « Suis-je prêt à être le leader qui crée une réalité différente ici ? »

Disons que ta famille a un business et soudainement ton père meurt, ou la famille cesse soudainement les affaires. Tu vas essayer d'aller à l'implant distracteur de « Oh mon Dieu, je doute que je puisse le faire » ou « Je crains ne pas pouvoir le faire » ou « Je ne sais pas comment faire du business » ou « Mes capacités en affaires ne sont pas terribles » ou ma relation avec mon père était ce qui nous maintenait en affaire » ou « Oh la relation a disparu maintenant. Qu'est-ce qui va fonctionner ? » tu vas avoir un moment « Oh mon Dieu ! » avant de demander peut-être « Bon sang, de quoi suis-je capable que je n'ai jamais choisi ? » Parce que, vous savez quoi ? Aucun d'entre vous n'est dénué de capacités que vous n'avez jamais considérées, choisies ou désirées. Il n'y en a pas un seul parmi vous qui n'ait pas de capacités qu'il n'a jamais considérées, choisies ou désirées.

> Tout ce qui vous empêche de considérer cela — et c'est ce que chaque implant distracteur est destiné à faire, t'empêcher de te regarder — vas-tu détruire et décréer tout cela ? Right and Wrong, Good and Bad, POD and POC, All 9, Shorts, Boys and Beyonds.

Dain : Ce truc avec le choix, c'est ce que Gary essayait de me faire voir ce matin. Il m'a parlé d'une dizaine de choses qui étaient destinées à me donner l'opportunité ou la possibilité de choisir tout simplement, et, au départ, je n'étais pas prêt à avoir ça. Finalement, j'ai dit « Je vais choisir ceci quoi qu'il arrive ! Même si je ne sais pas comment y arriver, même si je ne sais pas à quoi ça va ressembler, même si je ne sais pas ce que ça va impliquer, je le choisis. »

Je n'ai pris conscience de la manière de l'instituer qu'après avoir choisi. C'est ça qu'il faut que vous compreniez. Il y a tant de choses que vous ne vous autorisez pas à choisir parce que vous pensez que vous ne savez pas comment y parvenir ou vous ne savez pas comment faire. Vous devez simplement choisir — et vous découvrirez comment y arriver, comment faire et comment l'être.

Gary : Chaque implant distracteur est spécifiquement conçu pour vous empêcher de choisir d'être tout ce que vous êtes. C'est pour cela que les implants distracteurs sont si évasifs, prédominants, et si limitants, dans tous les aspects de votre vie. Ils n'inspirent pas la possibilité ; ils ne font que transpirer les limitations.

Voulez-vous transpirer les limitations ? Alors, continuez les implants distracteurs. Voulez-vous inspirer les possibilités ? Chaque fois que vous en rencontrez un, POC et PODez-le et créez une question.

Dain : Ce matin, je m'apprêtais à passer à la télévision je ne réalisais pas que j'étais en plein milieu d'un implant distracteur. Je choisissais de fonctionner à partir du doute, de la peur et tout ça. En général, je ne fonctionne plus à partir de la peur, plus jamais, et je ne réalisais pas ce qui se passait.

Je vous suggère de prendre une page de notes dans votre iPad ou une feuille de papier et d'écrire chacun de ces implants distracteurs jusqu'au dernier. Gardez cette liste avec vous pendant un mois et dès que les choses se coincent, passez-la en revue et POC et PODez tout ça.

Les implants distracteurs vous empêchent d'avoir l'aisance, la paix, l'argent et la joie que vous recherchez. Ces implants sont vraiment l'un des plus gros freins à cela.

Gary : Et c'est juste un choix. Les gens demandent « Comment les dépasser ? » Il ne s'agit pas de les dépasser. C'est « Pourquoi est-ce que je n'examinerais pas ceci pour réaliser ce que c'est en réalité, et arrêter de faire semblant que je n'ai pas le choix ? » C'est un faux-semblant que tu n'as pas le choix.

> Quelle actualisation physique de la maladie mortelle et éternelle d'avoir tout ce que tu voudrais et tout ce que tu désirerais ne reconnais-tu pas comme la perfection et l'achat des implants distracteurs, en particulier la peur, le doute, le business et les relations comme le maximum de choix que tu peux avoir ? Tout ceci, fois un dieulliard, vas-tu le détruire et le décréer totalement ? Right and Wrong, Good and Bad, POD and POC, All 9, Shorts, Boys and Beyonds.

Tu utilises les implants distracteurs pour créer ton choix. C'est comme dire « Je ne peux aller que chez McDonald's. C'est le seul endroit où je suis autorisé à aller. C'est le seul endroit où je suis autorisé à manger, donc je vais aller chez McDonald's. »

Tu as toute une panoplie de possibilités de fin gourmet et au lieu de cela tu manges au fast food des implants distracteurs. Si tu veux vivre comme un McDonald's, pas de problème, mais si tu veux la vie de gourmet et le vivre comme un gourmet que tu pourrais avoir, tu pourrais tout aussi bien choisir quelque chose de différent.

> Tout ceci, fois un dieulliard, vas-tu le détruire et le décréer totalement ? Right and Wrong, Good and Bad, POD and POC, All 9, Shorts, Boys and Beyonds.

Participant : Dain et Gary, avez-vous chacun formulé l'exigence de ne pas fonctionner à partir des implants distracteurs ? Comment c'était ? Quelle était la demande ?

Gary : J'ai juste dit « Oh, ce sont des implants distracteurs. POC et POD ça. Je n'achète pas ça. » Il m'a suffi d'entendre qu'il s'agissait d'implants distracteurs et qu'ils étaient conçus pour m'empêcher de choisir et j'ai dit : « Non, ça ne va pas fonctionner comme ça pour moi. Je ne fais pas ça. Point final. »

J'ai fait le choix. C'était « Je ne serai limité par rien, et surtout pas par un foutu implant distracteur. » La demande que j'ai formulée était « Je ne serai limité par rien. Peu importe ce qui se passe dans le monde ; moi, je ne serai pas limité par ça. »

Dain : Pour moi, c'était il y a douze ans, quand je me suis dit « Je ne vais plus vivre comme ça. » Cela a ouvert la porte. Parfois, ça semble facile de choisir en tant que soi, de choisir pour soi, et de choisir d'être soi, et parfois on a l'impression qu'on n'y arrivera jamais. Ça, c'était ce matin. Gary a dit « Eh bien, tu pourrais choisir ceci, tu pourrais choisir ceci » et je disais « C'est comme si je n'arrivais pas à choisir ceci. » Finalement, Gary m'a demandé quelque chose comme « Qu'est-ce que tu te retiens d'être que tu es en réalité ? »

Chaque fois que tu es dans l'un de ces implants distracteurs où tu ne peux pas choisir d'être, tu te retiens d'être ce que tu es vraiment, ou bien tu te caches de ce que tu es vraiment.

J'ai réalisé que j'étais conscient des univers de tout le monde. La dame qui s'occupe de mes relations publiques est une dame merveilleuse et elle a ses points de vue sur la façon dont les choses devraient être. J'ai des amis qui sont des personnes merveilleuses et ils ont tous des points de vue sur la façon dont les choses devraient être — et aucun de ces points de vue ne correspondent à l'expansivité de ma réalité quand je suis moi. J'ai réalisé que je renonçais à ma réalité pour pouvoir faire partie de leur réalité.

J'ai vu que le fait de garder avec soi une liste des implants distracteurs pour pouvoir la consulter continuellement pendant un mois et de POC et PODer les implants chaque fois que l'un d'entre eux remontait nous permettrait de nous en affranchir.

Participant : C'est une suggestion fantastique !

Gary : Plus que ça, plus que ça. Tu choisirais d'être, pour toi.

Dain : Eh oui !

Gary : J'ai choisi de m'en libérer. J'ai demandé : « Comment ça serait de ne pas gérer un business à partir des implants distracteurs ? Comment ça serait de créer un business qui fonctionne vraiment pour moi ? Mon point de vue concernant l'argent est que le seul but de l'argent est de changer la réalité des gens. Alors, j'ai demandé « Comment puis-je utiliser l'argent que je crée avec mon business et comment puis-je utiliser mon business pour changer la réalité des gens ? Quoi d'autre est important ? »

Dain : Tout ce qui se fait actuellement dans cette réalité, c'est-à-dire le point de vue *business as usual*, est fondé sur les implants distracteurs. Le business tel qu'il est pratiqué ici sur la planète Terre est pratiqué par presque tout le monde à partir d'un implant distracteur.

Chaque fois que tu tentes d'adopter un point de vue sur le business, par exemple, ou sur le doute, comme moi ce matin — je doutais dynamiquement de moi — cela était basé sur ce qu'on a appris de la réalité des implants distracteurs qui nous entoure. Ils sont partout et si tu fais le choix d'aller au-delà d'eux, tu trouveras le moyen d'aller au-delà d'eux.

Participant : J'ai une question concernant les relations. Mon ex et moi ne vivons plus ensemble depuis six ans. Nous avions l'intention de divorcer depuis un certain temps déjà, et pourtant ça ne s'est jamais fait. Est-ce un implant distracteur qui ne permet pas au mariage de se dissoudre pour de bon ?

Gary : Eh bien, le mariage est déjà dissout. Mais vous ne mettez pas les choses en place pour régler les papiers officiels parce que c'est beaucoup plus pratique pour tous les deux de dire aux gens « Désolé(e), je ne peux pas sortir avec toi, je suis encore marié. » C'est une façon de garder les autres hors de ton monde. Alors, félicitations, tu as fait du bon boulot là. C'est juste un choix.

Participant : Je travaille pour le business familial de mon mari ; je m'occupe l'administration et la comptabilité. Ce n'est pas facile quand les relations personnelles se mettent en travers du business, ou l'inverse. Qu'est-ce qu'on pourrait changer ici pour que ce soit différent ?

Détruis et décrée tes relations

Gary : Pour commencer, chaque jour, avant d'aller travailler, détruis et décrée toutes tes relations. Détruis et décrée ta relation avec ta belle-mère, avec le business, et avec tous ceux qui y travaillent. Et demande : « Que puis-je changer ici pour que ce soit totalement différent ? »

Participant : Je suis aussi facilitatrice Access Bars et je travaille avec une amie. Nous sommes conscientes de nos jugements l'une de l'autre et nous les POC et PODons, mais ce n'est pas facile pour moi d'être sa partenaire d'affaires.

Gary : Peut-être ne veux-tu pas vraiment être partenaire d'affaires avec cette personne. Peut-être cette personne n'est-elle pas une personne avec qui il est bon d'être en affaires. Tu dois être prête à regarder ça. Tu dois aussi être prête à considérer ce qui va fonctionner pour toi. Je considère toujours « Qu'est-ce qui va fonctionner pour moi ? Qu'est-ce qui va me faciliter les choses ? » Remarque qu'il ne s'agit pas de « Qu'est-ce que ça doit être » ?

Si tu dis « OK, ça, c'est du business, c'est un implant distracteur », et que tu le POC et PODe, ce sera une réalité différente pour toi. Si tu dis « Ceci est une relation. C'est un implant distracteur, POC et POD tous les implants distracteurs connectés à ceci », ce sera une différente réalité. Tout d'un coup, tu vas commencer à voir les choses d'une autre perspective. Mais il faut que tu utilises ça tout le temps. Tu commences par ici, et tout d'un coup tu auras plus de prises de conscience et tu auras plus de possibilités.

Participant : Est-ce que ma peur du rejet, de ne pas réussir, et de décevoir les autres sont une création du doute de moi, de mes capacités et aptitudes ?

Gary : Non. Ce n'est pas la création de quoi que ce soit. Tu achètes l'implant distracteur de doute et de peur. Chaque fois que tu doutes, POC et PODe tous les implants distracteurs qui créent ça.

C'est tout ce que vous avez à faire les gars. Vous continuez à essayer de rendre les choses difficiles. Vous dites « Je veux gérer ma peur ». Non, vous n'avez pas à gérer votre peur. Vous devez POC et PODer tous les implants distracteurs. Vous n'avez aucune peur.

Dain : Tu ne peux pas gérer quelque chose qui n'est pas réel et que tu n'as pas. Par contre, tu peux prendre la voie de la facilité. Il te suffit de POC et PODer ces foutus implants et ne de ne plus t'en préoccuper.

C'est pour ça que je dis :

- Écris la liste de tous les implants distracteurs.
- Garde-la en poche.
- Prends-la partout avec toi.
- Regarde tout le temps la liste pour voir si tu es en train de faire un implant distracteur. Si oui, alors POC et PODe-le.

Quand tu feras ça, tu commenceras à réaliser que ce que tu pensais être « Je fais quelque chose qui cloche » est en fait du doute. Ce que tu pensais être un truc lourd que tu ne parviens pas à surmonter est en fait de la peur.

Quand tu commenceras à POC et PODer les implants distracteurs, tu les reconnaîtras pour ce qu'ils sont. Parfois, tu auras besoin que quelque chose s'en aille avant de pouvoir le voir clairement; en y regardant a posteriori tu verras ce que ce c'était vraiment. La plupart d'entre nous avons appris que si on ne peut pas comprendre quelque chose, on ne peut pas s'en débarrasser. C'est mettre la charrue avant les bœufs. POC et PODe ça et à mesure que ça s'en va, tu découvriras ce que c'était et tu ne le choisiras plus, à moins que ça t'amuse de le choisir.

Participant : Le doute semble être ma justification préférée pour ne jamais agir. Quand vais-je enfin créer à partir des dieulliards d'idées que j'ai ? Avant de commencer ces appels, je ne voyais pas bien comment je faisais ça. Maintenant, le doute semble être partout dans mon univers. Alors, quoi d'autre est possible ?

Gary : Demande : « Si je renonce à mon addiction au doute, quelles autres possibilités, capacités et autres choses que je n'ai jamais considérées seraient disponibles pour moi ? » C'est la question avec laquelle vous devez vivre, les gars, parce que c'est ce qui sera à votre disposition si vous arrêtez d'acheter ces trucs et si vous arrêtez de les choisir.

J'ai une question ici d'une dame à propos de son fils. Il a deux ans et il pousse constamment sur ses boutons. Elle le hait la plupart du temps. Chaque fois que votre enfant fait un truc qui vous met hors de vous, dites « Je POC et POD tous les implants distracteurs qui créent ceci dans son monde et dans le mien. »

Étant donné que ce petit garçon n'aime pas qu'on lui touche la tête, il est possible qu'il puisse être légèrement autiste. Les enfants autistes vont toujours se battre contre vous. Je te conseille de parler avec Anne Maxwell. Tu la trouveras en ligne. Elle pourra probablement te donner des pistes pour gérer ton fils plus facilement. Mais l'essentiel est de POC et PODer tous les implants distracteurs qui créent tout ce qui se passe pour lui chaque jour. Tu peux aussi POC et PODer tous les jours tout ce que ta relation à lui a été, pour que tu puisses démarrer chaque jour avec une page blanche, parce que vous fonctionnez tous les deux à partir de ces implants.

Dain : L'une des choses qu'elle a dites dans sa question et que Gary n'a pas mentionnée, c'est « J'étais dans Access et puis je suis partie juste après être tombée enceinte. » Cela pourrait aider (ou pas) de demander à ton fils « Es-tu furieux parce que j'ai arrêté Access ? Est-ce que tu es venu à moi pour faire Access ? Et est-ce que, de ton point de vue, j'ai fichu ton plan en l'air en partant ? »

Si oui, dis « Je suis désolée, je n'avais pas réalisé que je fichais tout en l'air pour toi. J'avais mes propres trucs. Comment puis-je réparer les dégâts causés ? Peux-tu me pardonner, s'il te plaît ? » POC et PODe tout dans son monde qui ressemble à « Eh, idiote, je suis venu à toi pour pouvoir faire Access et puis tu arrêtes juste avant ma naissance. Je te déteste, je te déteste, je te déteste. », ce qui, à propos, est un implant distracteur.

Gary : C'est peut-être une des raisons qui te font revenir à Access maintenant, parce qu'il veut ce que tu vas lui donner.

Dain : Il est peut-être frustré et contrarié parce que tu as le point de vue que sans sa naissance, tu ne serais jamais revenue sur la piste de la conscience. C'était peut-être quelque chose qu'il essayait de te donner et de faire pour toi. Et ça pourrait aussi être une invalidation de son être-même que tu n'aies pas été disposée à recevoir Access à ce moment-là.

Gary : Demande-lui tout ça pendant qu'il dort ; pas quand il est éveillé.

Dain : Oui, demande-lui quand il dort et POC et PODe et POC et PODe aussi partout où tu es dans le jugement de toi, pour pouvoir repartir d'un endroit totalement différent.

Gary : J'espère que ça t'aide.

Participant : Je doute de moi. J'ai eu longtemps une très mauvaise estime de moi et ça a changé ; ça s'est amélioré. Mais il y a encore une situation où je me paralyse complètement et où je doute de moi. Comment puis-je gérer ça ?

Gary : Encore une fois, tu dois comprendre que ce sont les implants distracteurs ! Chaque fois que tu sens du doute ou de la peur, chaque fois que tu te sens comme moins que rien, POC et PODe tous les implants distracteurs qui créent cela. De grâce les gars, facilitez-vous la vie. Je ne sais pas pourquoi vous travaillez si dur.

Dain : Avant, j'avais un sentiment de doute très similaire, une faible estime de moi et un manque d'assurance et je peux te dire que plus je POC et PODais ça, plus vite le changement se faisait. Je ne comprenais pas comment les autres pouvaient se balader en étant totalement confiants et sans avoir de problèmes d'estime de soi. Je n'ai jamais compris, jusqu'à ce que je réalise que c'est un choix qu'on a.

Participant : Je sais que tu dis que la peur est un mensonge, mais j'ai peur des chiens. J'ai POC et PODé toutes les énergies connectées à ma peur de nombreuses fois, mais malheureusement, ça n'aide pas totalement. J'ai toujours peur. C'est handicapant pour moi. Comment puis-je changer ma peur des chiens ?

Dain : (Avec intensité) Voici quelque chose que je voudrais que tu saches : quelle puissance refuses-tu avec toute cette merde que tu gardes en faisant semblant que c'est vraiment toi, avec ta peur, tes doutes et ton point de vue « Je suis tellement pathétique que je mérite à peine de respirer » ? Mais qu'est-ce que tu fous ? Qu'est ce que tu t'infliges à toi et au monde en faisant semblant que c'est le véritable toi ? Parce que tu es un être sacrément puissant, que tu le saches ou non. Je dis ça par expérience personnelle, à propos.

Gary : (à Dain) Qui bon sang vient de se montrer ?

Dain : Voici ce que c'est. Je l'ai reconnu après la deuxième question sur à quel point tu fais semblant d'être pathétique. Tu penses que c'est réel pour toi. Mais tu as une sacrée puissance ma chère, peu importe à quoi a ressemblé ta vie jusqu'à présent. Tu as une sacrée puissance que tu entortilles pour en faire de l'impuissance que tu prétends être vraie pour toi. Tu veux bien me faire une faveur — une faveur personnelle — vas-tu arrêter maintenant avant que je vienne te tuer où que tu sois ? Merci !

Tout ceci, fois un dieulliard, vas-tu le détruire et le décréer totalement ? Right and Wrong, Good and Bad, POD and POC, All 9, Shorts, Boys and Beyonds.

Beaucoup d'entre vous reconnaissent peut-être ceci comme vrai pour eux aussi. Faites tourner ce processus pendant les trois prochaines semaines :

> Quelle puissance est-ce que je refuse avec cette peur, ce doute et toutes les autres merdes que je choisis ? Je détruis, je décrée tout ça, fois un dieulliard. Right and Wrong, Good and Bad, POD and POC, All 9, Shorts, Boys and Beyonds.

Gary : Tu me fais peur, Dain ! Je vais m'enfuir.

Dain : Quelque chose m'a allumé. J'ai vu ça et je me suis dit « Ça suffit ! » On s'inflige ça à soi-même de façon tellement dynamique ! Nous avons tellement de puissance et tellement de capacités et nous refusons de le savoir.

Participant : Je suis en train de créer à une échelle incroyable, et pourtant j'ai le point de vue que ce n'est pas possible. Je reconnais cela comme un implant distracteur de doute et j'essaie de le faire partir. Maintenant, j'ai une nouvelle pensée qui chuchote que je vis dans un monde enchanté en essayant de créer à si grande échelle.

Gary : C'est le cas. C'est le monde enchanté que tu as toujours su qui était vrai, que tout le monde t'a dit qui était impossible pour toi. Bienvenue dans ton monde. Tu vis, et je vis, dans un monde enchanté selon les standards des autres. Les gens me disent tout le temps « C'est pas possible de faire ça. » Et puis, je fais ce qu'ils me disent être impossible et ça fonctionne.

Quand je suis arrivé en Nouvelle-Zélande, je suis allé dans mon second magasin d'antiquités préféré au monde et j'ai acheté toutes sortes de choses pour mon magasin à Brisbane. Quand je suis allé chercher toutes ces choses, le propriétaire du magasin m'a dit « Nous sommes si reconnaissants que vous soyez venu. Nous étions sur le point de fermer. Nous étions dans de grandes difficultés depuis trois mois et nous ne savions pas ce que nous allions faire. Vous venez de nous sauver la vie. » C'est un monde différent quand tu sauves la vie des gens de cette façon. Cela crée un tas d'autres possibilités. Il y a une possibilité différente pour toi. C'est comme si tu vivais dans un monde enchanté qui n'est pas censé exister.

L'idée que cela ne devrait pas exister, c'est l'implant distracteur du monde McDonald's dans lequel tout le monde vit. Tu vis dans un monde enchanté gourmet dans lequel tout ce que tu goûtes et tout ce que tu manges fonctionne pour toi. Tu obtiens tout ce que tu désires vraiment, tout ce dont tu as besoin, tout ce que tu veux. Tu as tout. C'est comme ça que c'est censé être.

Participant : Ma vie s'écroule. Je suis mère célibataire depuis un an maintenant, et j'aime cette partie-là. J'ai mon propre business dans le quartier où j'habite. Mais je me sens seule et un peu déprimée parce que j'ai passé les six dernières années avec les amis et la famille de mon ex. Alors, maintenant, je suis ici assez seule et je me sens coincée. Je ne vois pas comment déménager, ni mon business. Mes clients ne veulent pas bouger avec moi. Ce serait trop loin pour eux. Et c'est mon revenu pour l'instant. Je voudrais aller vivre dans la ville où je vivais avant, mais les appartements y sont plus chers et il faudra du temps pour reconstruire une clientèle. Côté argent, ça ne se présente pas très bien pour l'instant.

Gary : Je voudrais souligner quelque chose : tu n'as pas posé une seule question. Il n'y a aucune question dans tout ce que tu as dit, n'est-ce pas ? Ce sont toutes des conclusions. Ce sont toutes des conclusions basées sur les implants distracteurs de la peur et du doute.

Alors, premièrement : il y a des alternatives. « Soit/soit » n'est pas le seul choix au monde ! Par exemple, tu pourrais aller dans cette ville quelques jours par semaine, trouver un espace de travail et commencer à créer ta clientèle dans ce nouvel endroit jusqu'à ce que tu en aies assez pour déménager là-bas.

Dain : Même si tu louais une pièce dans le cabinet de quelqu'un d'autre ou dans un centre de bien-être. C'est une possibilité. Commence par deux ou trois jours par semaine au début. Si tu fais un pas, cela t'encouragera à faire le suivant, puis le suivant, etc. Ne fût-ce que te rendre dans cette ville pour y faire du repérage ou consulter les petites annonces et voir des lieux à louer, c'est faire quelque chose qui va commencer à transformer les choses. Et ne te décourage pas si ces choses ne tournent pas bien, continue simplement.

Gary : Tu fonctionnes à partir des implants distracteurs de la peur, du doute, du business et des relations et aussi à partir des conclusions que tu as tirées. Tous ces implants distracteurs te gardent dans un endroit où tu penses que tu n'as pas le choix. Et c'est exactement ce pour quoi ils sont là.

Participant : Je suis devenue une personne que je n'ai pas envie d'être. Il y a des années, j'étais une personne heureuse et j'avais plein de gens avec qui passer du temps. Maintenant, je suis sur la défensive chaque fois que les gens me disent la moindre petite chose.

Gary : Si tu es à ce point sur la défensive, c'est que tu as été dans une relation abusive. L'abus était basé sur le fait que tu étais prête à te vendre pour avoir une relation. C'est le point de vue de l'implant distracteur.

Combien d'entre vous, vous êtes vendus dans vos relations ? Dans vos relations, dans le business, dans votre relation à votre peur et dans votre relation à votre doute ? Ce sont tous les points de vente qui rachètent l'implant distracteur à chaque fois. Tout ceci, fois un dieulliard, vas-tu le détruire et le décréer totalement ? Right and Wrong, Good and Bad, POD and POC, All 9, Shorts, Boys and Beyonds.

Tu es probablement une personne intelligente et parce que tu es intelligente et que tu étais heureuse, tu as supposé qu'il n'était pas possible que tu sois dans une relation abusive. L'abus se fait petit à petit, les amis. Vous devez écouter les CD de l'abus que nous avons et vous devez savoir clairement qu'il y a une possibilité différente.

Si tu es sur la défensive et que tu t'attends toujours au pire, tu t'es retrouvée dans une position de défense à cause d'une relation abusive. Tu dois déblayer ça avant de pouvoir capter toutes les informations sur les implants distracteurs.

Participant : C'est nul. Je tourne en rond. Je ne suis pas une victime, mais je suis assez perturbée.

Gary : C'est parce que tu manques d'information, et avec un peu de chance, cette information va initier le processus qui te permettra de changer tout ça.

Participant : Gary, j'étais dans une relation où il y avait de l'abus physique et verbal. Les outils d'Access m'ont vraiment aidée à choisir quelque chose de différent. J'utilise beaucoup d'outils et ils nettoient beaucoup de choses. Pourtant, récemment, c'est comme si je devenais plus sensible aux gens. C'est comme si j'étais hypersensible à ce qu'ils disent. J'ai fait quelques échanges avec différentes personnes qui font des trucs métaphysiques et toutes m'ont dit que j'avais le cœur brisé.

Gary : Puis-je te poser une question ?

Participant : Oui, bien sûr.

Gary : Quelle question est-ce « Tu as le cœur brisé » ?

Participant : Oui, je sais, il n'y a pas de question là-dedans.

Gary : Ils t'ont juste donné leur réponse et maintenant, ça te coince. Si tu vas voir des gens qui font des trucs métaphysiques, tu perds ton argent aussi vite, parce que tout ce qu'ils vont faire, c'est te donner leur réponse. C'est leur point de vue de ce que tu vis. Leur point de vue de ce qu'est ton problème. Que tu aies des prises de conscience ne les intéresse pas. Ce qui les intéresse, c'est que tu achètes plus de leur marchandise. Dans combien de vie as-tu acheté l'idée que tu avais le cœur brisé ? Et non, tu n'es pas sensible ; tu es consciente. Quelle part de *consciente* ne captes-tu pas ?

> Tout ceci, fois un dieulliard, vas-tu le détruire et le décréer totalement ? Right and Wrong, Good and Bad, POD and POC, All 9, Shorts, Boys and Beyonds.

Tu dois examiner ça et demander : « Est-ce que c'est vrai ? Ai-je le cœur brisé ? » Si tu avais le cœur brisé, tu serais morte ! Tu n'as pas le cœur brisé. Tu as perdu confiance dans les relations, mais ce n'est pas une mauvaise chose. La foi aveugle n'est pas souhaitable dans une relation. Tu dois pouvoir regarder ce qui est et demander : « Est-ce quelqu'un de bien ? Va-t-il prendre soin de moi et va-t-il m'aimer et s'occuper de moi ? Veut-il être avec moi ? » Et pas : « J'ai besoin de quelqu'un de bien qui va m'aimer totalement et alors mon cœur va guérir ». Quel ramassis de conneries ! Je suis désolé que tu aies été dans une relation abusive. Est-ce que ton corps a besoin de pleurer ? Oui, ton corps a besoin de pleurer. Alors, laisse-le pleurer, bon sang. Arrête d'essayer de l'arrêter !

Dain : As-tu vraiment le cœur brisé ? Ou bien as-tu embrassé une quantité énorme de conscience ? Et si tu nommais la conscience pour ce qu'elle est vraiment, est-ce que ton corps pourrait enfin relâcher ces trucs que tu essaies de relâcher au lieu d'aller à une bande de Möbius en suivant le mensonge que tu as le cœur brisé que d'autres t'infligent ? Je suis désolé, je suis sûr que tu remarques que je te dis ceci avec un peu d'intensité.

Participant : Oui, c'est OK, je voudrais nettoyer tout ça. Je veux que ça change.

Dain : C'est pour ça que nous avons ce niveau d'intensité. Tu as renoncé à ton savoir pour le point de vue significatif, conclu et métaphysique de quelqu'un d'autre qui te coince depuis lors. Oui ou non ?

Participant : Euh, je dirais que j'ai remis ça en question.

Gary : Je suis désolé, mais tu ne peux pas avoir remis ça en question parce que tu l'as servi comme un fait absolu et catégorique. Ce n'est pas une question.

Participant : OK, oui.

Gary : Si tu essaies d'acheter le mensonge de quelqu'un d'autre, tout ce que cela va faire, c'est te détruire. S'il te plaît, arrête ça. S'il te plaît, ne t'inflige pas ça. Tu mérites mieux que cela. Tu mérites mieux que cela et si tu achètes l'idée que tu as le cœur brisé, tu ne pourras guérir qu'en trouvant quelqu'un d'autre qui abusera différemment de toi.

Dain : Demande : « Ai-je vraiment le cœur brisé ? Est-ce que j'ai acheté ça de quelqu'un d'autre ? Et si j'arrête d'acheter ce truc, qu'est-ce qui changerait encore dans ma vie ? » Et toi, ma chère, tu as bien plus de puissance que tu ce que tu veux bien admettre.

Gary : Et pour toujours… amen !

Dain : Tu vas continuellement vers des gens qui pensent avoir plus de conscience que toi, et ils sont loin d'avoir le niveau de conscience que tu as. Ils sont loin d'avoir le niveau d'aventure que tu as. Ils sont loin d'avoir le niveau d'être que tu as. Ils sont loin d'avoir le niveau de bienveillance que tu as. Ils sont loin de vivre dans le niveau de question dans lequel toi tu vis.

Gary : Ou de possibilité.

Dain : Tu les laisses te donner leur réponse limitée et tu repars en essayant de la rendre réelle. Et tu te flagelles chaque fois que ça semble ne pas fonctionner. Eh bien, ça ne fonctionnera pas. Tu es plus grande que ce qu'ils te disent.

Gary : De grâce, n'allez pas voir des gens qui essaient de trouver ce qui cloche chez vous. Rien ne cloche chez vous.

Dain : Il faut que je vous dise ; j'ai fait ça dynamiquement presque toute ma vie et chaque fois que j'ai rendu le point de vue de quelqu'un plus grand que moi, je m'en suis toujours trouvé ébranlé. Je me demandais pourquoi et j'essayais d'en sortir. Et la seule façon d'en sortir, ça a été de reconnaître « Oh je suis plus grand que ce que cette personne m'a dit et j'ai acheté sa conclusion ! Ça, c'est fini ! »

Participant : OK, alors la meilleure façon de gérer ça dans mon corps, c'est de pleurer ?

Gary : Oui, ça, c'est ton corps.

Participant : Et quand ça monte, juste pleurer ?

Gary : POC et PODe ça et pleure.

Dain : Laisse ton corps pleurer et demande-lui « Eh, corps, qu'est-ce qu'il faudrait pour dissiper ceci ? » Mais ce n'est pas pleurer du point de vue « J'ai le cœur brisé », parce que ça, c'est une signification et un mensonge.

Gary : La réalité est que ton corps a été abusé. Tu as été abusée. Ton corps a reçu tout l'abus. Il a besoin de quelques larmes pour s'en débarrasser complètement.

Dain : Et, est-ce que c'est le cœur brisé ou est-ce que c'est toute la bienveillance que tu refuses d'avoir pour toi ? C'est ce que ton corps désire et requiert à ce stade. Ce que nous espérons pour toi, c'est que tu dises « Je vais prendre soin de moi et je vais prendre soin de mon corps maintenant, et je ne vais plus acheter le point de vue des autres qu'il y a quelque chose qui cloche chez moi. Et s'il n'y avait rien qui clochait chez moi ? »

Gary : Il n'y a rien qui cloche chez toi. Il n'y a rien qui cloche chez aucun de vous les gars. Aucun d'entre vous n'a quelque chose qui cloche. Mais vous continuez à acheter ça au lieu de penser à ce qui est juste chez vous.

Participant : Merci.

Dain : Avec plaisir.

Participant : Je réalise que j'ai appliqué le « Et si ? » dans un sens global, plutôt que « Qu'est-ce qui est possible ? » dans tous les domaines de ma vie. Je sais que j'acheté ça de mon père.

Gary : Ton père était un implant distracteur qui n'attendait qu'une occasion pour se déployer. Tu sais, ce n'est pas parce que tu as acheté ça de ton père que tu dois le garder. Ce n'est pas parce que cet homme était merveilleux par tellement d'aspects qu'il était parfait. Lâche les implants distracteurs qu'il avait. POC et PODe chaque implant distracteur qui se cache en dessous de ceci. Demande : « Que puis-je demander qui changerait ceci ? » Et fonctionne à partir d'un endroit totalement différent.

Participant : Comment aider les gens avec les implants distracteurs ?

Gary : Tu les POC et PODes. Tu peux demander « Es-tu conscient que c'est un implant distracteur ? Super, nous jouons avec un implant distracteur. »

Personne dans cette réalité ne te dit que les implants distracteurs ne sont pas réels. Tu peux être une personne qui fait ça. Tu dois être la personne qui est si différente que tu dis aux gens ce qui est pour qu'ils aient un choix différent.

Dain : Nous avons tendance à nous caler dans les limites des réalités des autres quand on leur parle plutôt que de parler de ce qui est là et de ce qui peut être déblayé. Nous essayons de nous caler sur les paramètres et les limites des points de vue des autres sur ces choses.

Je voulais dire ça parce que j'ai vu ça chez nous tous. Dans ces moments, où vous avez l'impression que vous êtes la pire chose du monde, et que vous êtes un incapable, et que vous vous sentez comme la personne la plus pathétique que vous ayez jamais été, vous trouvez le moyen d'en sortir et tout d'un coup vous avez plus de vous qu'auparavant.

Vous avez tous une plus grande capacité à tout faire à partir d'un endroit différent. Vous pouvez utiliser cette information pour créer vos relations. C'est ainsi que vous pouvez créer la communion avec le reste du monde.

Gary : C'est ainsi que vous créez votre vie.

Dain : Vous pouvez créer le reste de votre vie. Vous avez vraiment des choix différents à votre disposition et vous devez être prêts à les choisir. Vous devez être prêts à être si différents et vous devez être prêts à être brillants, et miroiter la lumière d'une possibilité différente — parce que vous le pouvez.

Gary : Vous pouvez être l'inspiration. Je voudrais vous lire quelque chose ici parce que cela résume mon point de vue et je trouvais que c'était cool :

Immense gratitude et merci à vous deux, Gary et Dain, pour votre génie et votre savoir, et à chaque personne qui a participé à cet appel pour votre incroyable contribution au monde et à ma vie, à mon corps et à ma réalité. La profondeur et l'envergure du changement et de l'expansion qui se produisent dans ma vie et dans la vie des gens qui m'entourent sont phénoménales et au-delà des mots. Merci, merci, merci ! Comment est-ce que ça devient encore mieux que ça ?

C'est ce que je ressens par rapport à ces appels et au fait que vous embrassiez tous les possibilités qui sont disponibles.

Dain : Vous êtes un cadeau. Le fait que vous soyez présents à cet appel représente une énorme partie de comment et pourquoi nous avons pu aller où nous sommes allés.

Gary : Vous avez maintenant l'information sur ce que sont les implants distracteurs et de quelle manière ils sont destinés à vous limiter, vous contracter et vous amoindrir. Vous amoindrir est la pire chose que vous puissiez faire à la terre et la pire chose que vous puissiez faire à l'humanité. Alors, soyez pleinement vous, s'il vous plaît !

Utilisez ce que vous savez à propos de ces implants distracteurs pour commencer à être tout ce que vous êtes. De grâce, cessez de faire semblant que vous n'êtes pas aussi formidables que vous l'êtes en réalité, parce que c'est une comédie. C'est une comédie pour vous, pour moi et pour le monde entier.

Dain : Merci à tous.

> Quelle actualisation physique de la maladie totalement limitante et conceptuellement structurante du véritable changement ne reconnais-tu pas comme la perfection de la vie, vivre, la mort et la réalité pathétiques et misérables que tu choisis ? Tout ceci, fois un dieulliard, vas-tu le détruire et le décréer totalement ? Right and Wrong, Good and Bad, POD and POC, All 9, Shorts, Boys and Beyonds.

La formule de déblayage d'Access Consciousness

Tout au long de ce livre, nous posons beaucoup de questions et certaines de ces questions pourraient te faire tourner un peu la tête. C'est notre intention. Les questions que nous posons sont conçues pour te faire sortir de ton esprit afin que tu puisses percevoir l'énergie d'une situation.

Une fois que la question a court-circuité ton esprit et fait monter l'énergie d'une situation, je te demande si tu es disposé à détruire et à décréer cette énergie, car l'énergie bloquée est la source des barrières et des limitations. Détruire et décréer cette énergie ouvrira la porte à de nouvelles possibilités pour toi.

C'est l'occasion pour toi de dire : « Oui, je suis prêt à laisser aller tout ce qui maintient cette limitation. »

S'ensuivront quelques mots étranges que nous appelons la formule de déblayage :

Right and Wrong, Good and Bad, POD and POC, All 9, Shorts, Boys and Beyonds*

Avec la formule de déblayage, nous retournons à l'énergie des limitations et barrières qui ont été créées. Nous observons les énergies qui nous empêchent d'aller de l'avant et de nous expanser dans tous les espaces où nous aimerions aller. La formule de déblayage est un raccourci verbal qui traite les énergies qui créent des limitations et les contractions dans notre vie.

Plus tu utilises la formule de déblayage, plus elle agit en profondeur et plus elle est à même de déverrouiller des couches et niveaux de blocage. Si beaucoup d'énergie remonte pour toi en réponse à une question, tu peux répéter le processus à plusieurs reprises jusqu'à ce que le sujet abordé ne soit plus un problème pour toi.

Tu n'as pas besoin de comprendre les mots de la formule de déblayage pour qu'elle fonctionne parce qu'il s'agit d'énergie. Cependant, si tu as envie de connaître la signification de ces mots, tu trouveras ci-dessous de brèves définitions.

Right and Wrong, Good and Bad est un raccourci pour : qu'est-ce qui est juste, bon, parfait et correct à ce sujet ? Qu'est-ce qui est faux, mauvais, horrible, mesquin, vicieux, mal et terrible à propos de cela ? La version courte de ces questions est : qu'est-ce qui est juste et faux, bon et mauvais ? Ce sont les choses que nous jugeons justes, bonnes, parfaites et/ou correctes qui nous bloquent le plus. Nous ne souhaitons pas les laisser partir puisque nous avons décidé qu'elles nous conviennent.

POD représente le Point de Destruction ; toutes les façons dont tu t'es détruit afin de maintenir ce que tu es en train de déblayer.

POC représente le Point de Création des pensées, sentiments et émotions précédant immédiatement ta décision de verrouiller l'énergie en place.

Parfois, les gens disent : « POC et POD », qui est simplement un raccourci pour la déclaration plus longue. Quand tu « POC et PODe » quelque chose, c'est comme tirer la carte inférieure d'un château de cartes. Tout s'écroule.

All 9 représentent les neuf façons dont tu as créé cet élément comme une limitation dans ta vie. Ce sont les couches de pensées, de sentiments, d'émotions et de points de vue qui créent une limitation solide et réelle.

Shorts est la version courte d'une série beaucoup plus longue de questions qui inclut : Qu'est-ce qui est significatif ici ? Qu'est-ce qui n'a pas de sens ici ? Quelle est la punition pour ceci ? Quelle est la récompense pour ceci ?

Boys représente des structures énergétiques appelées sphères nucléées. Fondamentalement, cela a trait à ces domaines de notre vie où nous essayons continuellement de traiter quelque chose sans résultat. Il y a au moins treize types différents de ces sphères, appelés collectivement «les gars». Une sphère nucléée ressemble aux bulles créées lorsque tu souffles dans une pipe à bulles à plusieurs chambres avec laquelle jouent les enfants. Cela crée une énorme masse de bulles, et lorsque vous éclatez une bulle, les autres bulles remplissent cet espace.

As-tu déjà essayé d'éplucher les couches d'un oignon pour essayer d'aller au cœur d'un problème, mais sans jamais y arriver? C'est parce que ce n'était pas un oignon, mais une sphère nucléée.

Les **Beyonds** sont des sentiments ou des sensations qui arrêtent ton cœur, arrêtent ta respiration, ou arrêtent ta volonté de voir les possibilités. Les Beyonds (les au-delàs) c'est ce qui se produit lorsque tu es en état de choc. Nous avons beaucoup de domaines dans notre vie où nous nous figeons. Chaque fois que tu te figes, c'est un au-delà qui te retient captif. La difficulté avec un au-delà, c'est qu'il t'empêche d'être présent. Les au-delàs comprennent tout ce qui est au-delà de la croyance, la réalité, l'imagination, la conception, la perception, la rationalisation, le pardon, ainsi que tous les autres au-delàs. Ce sont généralement des sentiments et des sensations, rarement des émotions, et jamais de pensées.

Pour obtenir plus d'information sur la formule de déblayage, consulte la page http://www.accessconsciousness.com/content60.asp

www.ingramcontent.com/pod-product-compliance
Lightning Source LLC
Chambersburg PA
CBHW011954150426
43198CB00019B/2925